KB203565

사람이 좋다

이
석
현

|프롤로그|

추억의 우물에서 이끼 낀 두레박으로

짧지 않은 삶의 여정에서 참 많은 사람을 만났다. 스치듯 만난 사람, 의도해서 만난 사람……, 그렇게 만난 모든 사람이 우연이 아닐 거라는 생각이 든다. 광대무변한 공간의 X축과 끝없는 시간의 Y축이 교차하는 지점에서 두 사람이 만날 가능성은 무한대분의 1일 것이다. 밤하늘에 뿌려진 수많은 별 중의 하나를 만나는 것보다 희소한 가능성이다. 이렇게 보면 사람과 사람의 만남이란 태어나기 전, 별이 우주에 생성되기 전부터 예정된 운명일지도 모른다.

나는 만남을 소중히 여기며 살아왔다. 강물처럼 굽이쳐 흘러온 내 삶의 여정에서 만났던 수많은 사람들……, 까마득히 잊고 산 훈훈한 정(情)이 요즘따라 나의 기억 속에서 되살아 오른다. 해묵

2

은 추억의 우물에서 이끼 낀 두레박으로, 보석처럼 사랑의 체험들을 길어 올린다.

내 인생의 테마는 사랑과 정의였다. 그것들은 언뜻 보면 서로 다른 성질처럼 보인다. 사랑이 따뜻하고 부드럽게 감싸 안은 상태라면, 정의는 차갑고 딱딱한 당위처럼 느껴진다. 하지만 생각해 보면 사랑과 정의는 똑같은 온기를 가지고 있음을 알게 된다. 그 온기는 '사람'에게서 나온다. 사랑은 사람의 마음을 지켜 주고 정의는 사람의 삶을 보호한다. 그리고 그것들은 서로를 완성한다. 정의는 사람이 사랑할 수 있는 조건을 만들고, 사랑은 정의가 강물처럼 흐르게 만든다.

말년은 내 고향에서 사랑과 정의를 이루고 싶다.

|목 차|

1장

익산이 빚어내고
안양이 키워내다

1

느릿한 걸음으로
손자를 사랑한 할머니

어린 시절의 나는 할머니와의 추억이 참 많다.

구한말 선비 집안의 딸로 태어난 할머니는, 여성에게 글을 안 가르치던 시절이었지만 어깨너머로 글을 배웠다. 내 기억에 할머니는 한문 표현을 종종 사용했고, 한글은 읽는 것은 물론 쓰는 것도 가능했다. 구한말은 한자를 진서라 부르며 높이고 한글은 언문이라 부르며 폄하하던 시기였다. 그런 시기에 할머니는 언문을 독학했고 쓸 수 있다는 사실을 크게 자랑스러워했다. 어쩌면 할머니는 지금 시대라면 여성운동가였으리라!

초등학교에 들어가기 전까지 나는 집에서는 송록이로 불렸고,

할머니가 한글을 가르쳐 주셨다. 어느 날, 닭을 잡아 백숙을 끓이려던 할머니께서 어린 나에게 앞마을로 심부름을 보내셨다.

"송록아, 앞동네 배씨 아저씨네 가서 엄나무 좀 달라고 해라!"
그러면서 아저씨에게 직접 보여주라며 나에게 종이쪽지를 쥐어 주는 것이었다. 쪽지를 펼쳐 보니 '닭 샀어요. 엄나무 좀 주셔요'라고 적혀 있었다. 당시 나는 똑똑한 어린이였기에 충분히 말로 전달할 수도 있었는데 굳이 쪽지를 쥐어 준 것을 보면, 할머니는 한글을 쓸 수 있다는 사실을 뽐내고 싶었던 것 같다.

닝견난사와 능견난사

내 태몽을 꾼 사람도 할머니라고 한다. 밝은 해가 몸으로 들어오는 태몽을 꾸었다면서, 내가 장차 큰사람이 되리라며 기뻐한 할머니는 종종 나에게 말씀하셨다.

"송록아, 나중에 큰사람이 되면 '닐리리 쿵닥' 하면서 피리 저대 불고 내 묘에 소분 오거라."

워낙 생소하면서도 구성진 말이라 아직까지도 기억하는 표현이다. 옛날, 과거에 급제하거나 벼슬을 얻는 등의 경사가 있을 때 악대를 앞세워 조상 묘에 소분 갔다고 한다. 이처럼 할머니는 시대적 한계 때문에 글을 제대로 배우지 못했음에도 불구하고 당신만의

언어적 감각과 풍부한 표현을 자랑했다. 독학으로 한글은 깨우쳤지만 한문을 몰랐기에, 오빠들이 공부할 때에 어깨너머 귀동냥으로 조금 배우기도 했다고 한다.

그중 하나로, 할머니가 자주 쓰던 말 중에 '닝견난사'가 있었다.

"······닝견난사여."

어린 나는 할머니의 이 말이 무슨 뜻인지 내내 몰랐다. 그러다 중학교를 다니면서 한문을 공부하고, 고등학교 때 두보, 이태백의 시를 읽을 정도로 한문을 익히면서 '닝견난사'가 무슨 말인지 알아냈다. '능견난사(能見難思), 눈으로 보고도 생각하기 힘들 정도로 기이한, 귀신이 곡할 일'이라는 의미이다. 할머니는 어깨너머로 배운 이 표현을 두고두고 요긴하게 써먹은 것이다. 이제는 충분히 닐리리 쿵닥하며 피리 저대 불고 당신의 묘에 소분하러 가도 되련만, 당신이 쓰던 표현만이 이렇게 기억에 선할 뿐이다. 손자들이 말을 안 듣거나 잘못하면, 할머니는 "에효~" 하며 길 건너 감나무집에 간다고 큰소리로 알리며 천천히 걸어갔다. 그 집 대나무 울타리로 회초리를 만들어 오겠다는 것이다. 그러는 사이에 충분한 시간을 번 우리는 모두 달아나 버렸다. 일부러 느릿한 걸음만큼 우리를 사랑하던 할머니.

● 고등학교 때 한시의 매력에 푹 빠진 이석현이 대학 1학년 때 지은 한시

앙천의행목(仰天倚杏木)
월행사운단(月行紗雲端)
실솔주애곡(蟋蟀奏哀曲)
갱첨고객탄(更添孤客嘆)

은행나무에 기대어 하늘을 보니 / 얇은 구름 사이로 달이 가누나 / 귀뚜라미가 슬픈 노래를 읊조리니 / 아, 외로운 나그네 탄식이여!

늦은 밤 대학 캠퍼스를 거닐다 독재로 치닫는 나라 걱정에 우울한 마음으로 흘러가는 구름을 보고 시상이 떠올라 '木(목)과 曲(곡)', '端(단)과 嘆(탄)' 운율에 맞춰 지은 5언 율시(五言律詩)다.
나는 당시, 끝부분을 처음에 우국탄(憂國嘆)으로 지었다가 詩의 멋을 위해 고객탄(孤客嘆)으로 추고했었다.

2

봉주장학회 |
돼지 한 마리와
쌀 두 가마니의 기적

학교를 마치고 돌아온 어느 날, 나는 집에서 기르던 돼지 덩이가 없어진 사실을 알았다. 당시 시골에서는 집집마다 돼지 한두 마리에 닭 몇 마리 정도는 기르곤 했었고, 우리집도 예외는 아니었다. 나는 어릴 적 덩이와 실이라는 돼지 두 마리와 함께 지냈다. 그런데 덩이가 사라진 것이다. 아무래도 집을 뛰쳐나간 것 같았다.

어린 나는 야단났다는 생각에 동네 이곳저곳을 기웃거리며 사라진 덩이의 행방을 수소문했다. 그때 이웃집에서 아버지가 덩이를 시장에 내다팔았다고 귀띔해 주었다. 정든 덩이가 모르는 곳으로 팔려갔다는 생각에 울컥해서 그날 저녁 아버지께 덩이를 판 이유를 따지듯이 여쭤 보았다. 아버지는 폐병으로 진단받은 동네 아저씨의 입원비를 마련하기 위해 팔았다고 했다. 이제는 우리 덩이를 볼 수 없다는 사실에 슬픔이 차올랐지만, 이내 그 사실을 받아들일 수밖에 없었다. 아버지는 늘 남에게 베풀기를 좋아하는 분이었기 때문이다.

평범한 농부였던 아버지는 성실하고 후덕하여 인망이 두터웠다. 인기도 좋아서 4·19 직후 실시된 선거에서 면 의원에 뽑히기도 했다. 아버지는 외향적이었다. 면 너머까지 아는 친구들이 많았고, 집은 손님들로 연일 북적거렸다. 반면 어머니는 내향적이고 수줍음을 많이 타는 분이었다. 그래서 아버지가 집에 손님을 들일 때마다, 손님 뒤치다꺼리가 잦다며 썩 내켜하지 않았다. 게다가 없는 살림에 손님이 많은 것도 모자라 어려운 이웃을 자꾸 도우니 답답해했다.

베풂과 도움이 따뜻한 세상을 만든다

나는 형과 누나, 남동생을 둔 4남매 중 셋째로 자랐다. 어릴 적 우리집의 분위기는 외향적인 아버지와 할머니가 주도했다. 할머니는 옆집에서 닭을 잡든, 그릇이 깨지든, 어떤 일이 생기든 모든 일에 참견하기 좋아하는 성격이었다.

키우던 돼지 두 마리 중 한 마리를 이웃을 위해 흔쾌히 내놓던 아버지와 여성운동가 같은 할머니.
도움이 필요한 곳에 넉넉함을 베푸셨던 두 분처럼 나도 부의금으로 들어온 돈을 장학금으로 기증했다.

표현도 어찌나 풍부한지 지금의 내 글이나 말에도 당신의 흔적이 배어 있을 정도다. 그렇게 복닥복닥 즐겁고 행복할 것만 같던 우리 집에 슬픈 일이 닥쳐왔다. 형이 신장병에 걸린 것이다. 당시는 의학 기술도 열악했고, 깊은 시골에서 형의 병을 치료하기란 더욱 힘들었다. 형은 그렇게 4년간 투병하다가 결국 세상을 떠났다.

거짓말처럼 형이 떠나자 우리 집안은 깊은 상심에 잠겼다. 형을 잃은 상심도 컸지만, 병원에서 치료를 받게 하느라 전답까지 팔아 버린 탓에 살림은 더욱 곤궁에 빠지고 말았다. 그래서 내가 중학교에 입학할 무렵, 입학금을 낼 여유조차 없었다. 다행히 절반은 면제되는 장학생이었지만, 그 나머지 절반을 마저 낼 수 없을 정도로 상황은 열악했다. 하릴없이 낙심한 채 중학교 진학을 포기하려던 그때, 집으로 입학 통지서가 날아왔다. 분명 등록금을 내지 못했는데 입학 처리가 되었다는 사실이 어리둥절했고, 한편으로는 날아갈 듯 기뻤다.

나중에 알고 보니, 초등학교 담임인 신동현 선생님께서 나를 위해 등록금을 내 주신 것이었다. 선생님은 박봉을 쪼개어, 당시 금액으로 쌀 두 가마니 값에 해당하는 돈을 내어 주셨다.

아버지가 이웃을 위해 선뜻 내놓은 돼지 한 마리와 선생님의 쌀 두 가마니. 이런 베풂과 도움이 따뜻한 세상을 만든다. 우리 아버지가 그랬고, 나의 초등학교 시절 담임 선생님이 그랬다. 누군가는 아픈 몸을 돌볼 수 있었고, 나같은 어려운 학생은 무사히 배움을 이어 나갈 수 있었다. 이렇듯 사람은 홀로 살아갈 수 없고, 서로서로 도움을 주고받으며 살아간다. 형편이 넉넉하든 그렇지 않든.

문학도를 꿈꾸게 한 선생님의 칭찬

신동현 선생님과 관련된 특별한 기억이 한 가지 더 있다. 초등학교 6학년 때, 비가 추적추적 내리는 날이었다. 아동문학가였던 선생님은 '비 오는 날'을 제목으로 우리들에게 글짓기를 하게 했다. 나는 멍하니 창밖을 바라보았다. 제법 거센 빗줄기가 유리창에 바스러졌다. 왜 저토록 세게 부딪치는 걸까 생각하며 나는 연필을 들었다.

"비가 유리창을 때려요. 유리창이 잘못한 것도 없는데, 뺨을 때려요. 그래서 유리창은 눈물을 흘린답니다."

선생님은 내 글을 읽고 감동하여 말씀하셨다.

"석현이는 시인의 눈을 갖고 있구나. 유리창은 잘못한 것이 없는데, 억울하게 뺨을 맞고 눈물을 흘리는 것을 볼 수 있는 게 시인의 눈이다."

나는 어릴 적부터 글쓰기를 좋아하여 고교 시절에는 문예반으

로 활동하며 '문학도'를 꿈꾸기도
했다. 글쓰기에 대한 나의 이런 애
정은 어릴 적 선생님께 들었던 이
칭찬이 크게 작용했다.

중학생 이석현(왼쪽에서 두 번째)

시간이 흘러 국회의원이 되고
나서, 나는 TV 프로그램 〈TV는
사랑을 싣고〉에 나가 선생님을 다
시금 찾았다. 선생님은 하얗게 센
머리에도 여전히 글을 벗하여 살
고 계셨다. 연로하신 선생님은 꾸준히 시집을 내셨고, 나는 그런 선
생님을 보면서 대단하다고 느꼈다. 선생님은 나와 종종 식사도 함
께하며 지내다가 하늘나라로 가셨다. 빗방울이 유리창을 때리는
날이면 문득 선생님이 그리워진다.

도움은 이어지고 또 이어진다, 봉주장학회의 시작

남에게 베풀기 좋아하던 아버지는 신동현 선생님보다 1년 먼저
세상을 떠나셨다. 내가 국회 부의장에 당선된 직후였다. 살아생전
소탈하고 사람 돕기 좋아하던 아버지의 인품 덕분인지 1억 3백만
원 가량의 넉넉한 부의금이 들어왔다. 나는 이 부의금을 가지고 아

버지라면 어떻게 하셨을까 생각해 보았다.

초등학교 시절 가난 때문에 중학교 진학을 포기해야 할지도 모를 상황에서 박봉을 털어 쌀 두가마니 값의 등록금을 선뜻 내주셨던 신동현 선생님, 가난 속에서도 돼지 두 마리 중 한 마리를 동네 아저씨를 위해 흔쾌히 내놓던 아버지. 내 인생 속 스승과 아버지의 깊고 넓은 사랑과 은혜를 깨우치게 해 주신 두 분의 뜻을 새기고 싶었다. 그분들이라면 분명, 도움이 필요한 곳에 이 넉넉함을 베푸셨을 것이라는 생각이 들었다. 그래서 나도 정치비용이 쪼들렸지만 그 돈을 모교인 남성고등학교에 장학금으로 기증하려고 했다. 그런데 그 소식을 들은 친구들이 하나둘씩 연락을 해왔고, 좋은 일에 동참하고 싶어 했다. 또 당시 나의 기부 결심 소식을 전한 신문을 보고 일부 독지가도 뜻을 더했다. 더 이야기를 나눈 뒤, 우리는 한 번 돕고 끝나지 않도록 장학재단을 만들어 꾸준히 장학금을 지급하자고 뜻을 모았다.

이렇게 시작한 장학재단은 경기도 안양시 동안구 관평로에 있는 내 개인 사무실에 설립하였고, 수익사업을 추구하지 않는 비영리 법인으로 남아 있다. 사무실 경비도 절약하기 위해 따로 직원을 두지 않은 채 나와 매형이 직접 운영해 재단 운영 비용 없이 기금을 전액 장학금으로 사용하고 있다. 경기도교육청에 정식으로 법

20

인 등록을 마친 '봉주장학회' 덕분에 거의 매년 경기도 내 20여 개 도시에서 학교별로 추천받은 고등학생들을 선정하여 장학금을 지급할 수 있었다. 장학생 선발은 경기도교육청에 일임하여 안양시를 포함한 도 내에서 추천 선발된 수십 명의 학생들에게 매년 장학증서와 장학금을 수여하고 있다. 기존에 재단이라는 이름으로 행해진 불법들로 인해 장학재단의 이미지 자체가 안 좋아졌고, 그래서 선뜻 여기저기에 동참을 부탁하기도 힘든 실정이다. 이후로도 소외된 학생들에게 집중하여 우리의 장학금이 도움이 필요한 곳에 최대한 닿을 수 있도록 운영할 방침이다. 봉주장학회는 돌아가신 아버지의 성함을 따라 지은 이름이다.

국회의원 시절에는 여의도 국회의사당 내의 국회의원 동산에 세워진 국회사랑채에서 장학금 수여식을 진행했었다. 지금은 국회의원 신분도 아닐뿐더러 거리상의 문제점과 학생들의 편의를 감안해 내 사무실에서 장학증서 수여식을 이어가고 있다.

2023년 가을 장학증서 수여식에서 나는 학생들에게 이렇게 당부하였다.

"여러분! 공부 열심히 해서 사회에 나가 성공하는 사람들이 되어 달라. 성공은 그 어떤 분야에서든 상관없이 전문가가 되면 성공인 것이다. 누구나 대통령이 될 수 없고, 재벌 회장이 될 수는 없겠지만, 경제, 문화, 외교, 사회 어떤 분야에서든 뛰어난 실력으로 공헌하는 사람이 되면 그 자체가 성공인 것이다. 그렇게 사회에 나가서 자신의 자리를 잡게 되면, 여러분도 오늘을 추억하며 많든 적든 후진들에게 장학금을 줄 수 있는 사람이 되도록 노력해 달라. 장학금은 돈 많은 사람이 아니라, 마음이 넓은 사람이 주는 것이다."

이렇게 장학금 받는 학생들이 성장해 후진들에게 훈훈함을 확대 재생산해 주기를 바란다.

돌아보면, 내가 봉주장학재단을 세우게 되고, 장학금을 주고 있는 것의 뿌리는 신동현 선생님이 내주신 중학교 등록금이다. 누군가 도움이 필요할 때에, 적절하게 충분히 도울 수 있었으면 좋겠다. 내가 받은 도움이 그런 것이었기 때문이다. 조금씩이나마 십시일반으로 베푸는 따스한 마음은 또 누군가를 살아가게 할 것이다. 그리고 그들도 그 마음을 기억하며 다른 누군가를 도울 것이다. 그렇게 도움은 이어지고 또 이어진다. 한 그루의 사과나무를 심는 마음으로, 오늘도 나는 누군가의 인생에 신동현 선생님과 아버지의 가르침을 심고 싶다.

3

내 고향 익산

　나의 고향은 전북 익산이다. 그곳에서 태어나고 자랐다. 북일초
등학교와 이리동중학교 그리고 남성고등학교를 졸업하고 서울대
학교에 입학할 때까지 살던 그곳이 꿈에도 가끔 나타나곤 한다. 고
구마로 유명하던 영등리(현 영등동)에서 농부의 아들로 태어났다.
아버지의 농사일을 도우며 학교에 다녔다. 요즘은 귀농이 유행이
라던데 그 시절 농사짓기가 얼마나 힘들었던가! 비가 안 오면 아버
지가 인근 개천에서 뙤약볕에 양동이로 물을 퍼 담아 비틀비틀 물
을 지고 오면 내가 바싹 마른 고추 밭에 물을 주어야 했다. 물을
줄 때는 고추 잎에 묻지 않도록 뿌리 부분에 조심스레 부어야 했

다. 잎에 묻으면 물방울이 렌즈 역할을 해서 햇볕에 고추 잎이 타버리기 때문이다.

아버지는 참 근면한 분이었다. 새벽부터 일어나 일을 하였는데 나도 휴일마다 아버지를 도와서 밭일을 하다 보니 자연스럽게 농사일이 힘든 줄을 알게 되었다. 우리는 동네 건너 등성이의 밭에 참외 농사도 지었다. 밭에 고랑을 파서 일정 간격을 두어 참외 씨앗을 심었다. 아버지가 씨앗 넣을 북을 돋우면 내가 그 곳에 씨앗을 넣었다. 떡잎이 나고 잎이 우거지면 초록색을 띤 벌레를 잡아 줘야 한다. 수확을 하면 밤에 미리 리어카에 실어 놓았다가 새벽에 솜리(이리시)의 약관(청과시장)에 가서 내다 팔았다. 평소에는 따라가지 않는데 하도 궁금해서 하루는 따라 나갔다가 장터에서 국밥을 얻어 먹었다.

북일초등학교(당시 국민학교)를 다닐 때, 형이 아파 여러 해 솜리 호남병원에 입원을 하게 되면서 논과 밭을 팔아 병원비로 썼다. 그런 상황에서 나는 이리동중학교에 합격했다. 우리집이 가장 어려운 시절이었다. 당시는 중학교가 의무교육이 아니어서 등록금을 내던 때였는데 합격을 했음에도 등록금을 못내고 있었다. 그때 6학년 담임이던 신동현 선생님이 박봉을 털어 입학금을 대신 내주셨다. 나는 몇 년 전 아버님이 돌아가셨을 때 들어온 1억 3백만 원 전액을 장학금으로 내놓았는데 그것이 신동현 선생님의 은혜에 진정

중학교 시절(위) / 서울대 졸업(아래)

으로 보답하는 것이라고 믿었기 때문이다. (이 부분은 앞에서 자세히 썼음)

이리동중학교와 남성고등학교에 진학해서 공부만큼은 열심히 했다. 전교에서 1,2등을 할 정도였다. 나는 남루한 교복에 색바랜 모자를 쓰고 다녔다. 가난의 열등감이 내재해서 인지 내성적인 편이었다. 다행히 그런 나를 친구들은 좋아해 줬다.

촌놈인 나는 솜리 도심에 사는 학교 친구들이 부러웠다. 중심가인 영정통에는 유일한 백화점인 평화백화점과 가장 큰 개봉관이었던 이리극장이 있었는데 친구들의 가게가 그 쪽에 있었다. 남성고등학교 19회 동기인 배장렬네 신한당 금은방과 조병수네 호남당 빵집, 유천이네 아이스크림집인 남북상회. 아 참, 최완근네 동양당 아이스크림도 빼놓을 수 없지.

당시 남성고등학교는 소라단(소라산)에 있지 않고 종축장을 거

고등학생 이석현(왼쪽에서 네 번째)
하나 있는 난로 근처 말고는 온통 찬 기운뿐인 강당에서
나는 매일같이 자리를 지키며 공부했다.
관리 아저씨는 밤 12시까지 유성당의 문을 열어 두셨는데,
11시쯤 되면 나와 아저씨만 남아 있었다.

쳐서 솜리의 벽돌공장과 이리동중학교를 지나면 히말라야 시다가
우거진 남성고등학교가 나왔다

서울 공대를 그만두고 다시 서울 법대에 입학하다

고 3이 되면서 강당인 유성당에서 방과 후 공부를 했다. 학생이
몇십 명쯤 앉을 수 있는 공간이었는데 여름에는 덥고 겨울엔 추웠
다. 나는 도시락 두 개를 싸 가지고 가서 점심과 저녁을 도시락으로
때우고 밤 12시까지 공부했다. 학생들이 밤 10시쯤이면 대부분 가
고 몇 명 만 남게 되는데 문을 닫는 12시까지 있는 건 나뿐이었다.

그래서 관리 아저씨는 10시가 넘으면 내 눈치를 슬금슬금 보기
시작했다. 내가 집에 가야 퇴근할 수 있었기 때문이다. 나는 그 분
께 늘 미안했다. 하교 길에 소라단을 혼자 지날 때면 조금 겁이 났
다. 그때는 소나무 키가 어른 키 정도밖에 안 될 때인데, 비가 올 때
못지 않게 휘영청 밝은 달빛에도 혼자 걷기가 무서웠다. 나무 그림
자가 사람처럼 뒤에서 쫓아오는 것 같았기 때문이다. 무거운 책가
방을 들고 뒤뚱뒤뚱 그 길을 걸었다. 집에 오면 석유 등잔을 켜고
책을 읽었다. 그 지역은 지금의 영등아파트 부근의 일송 한식(前 오
감) 뒤쪽 자연부락인데 내가 고등학교를 졸업할 때까지도 전기가
들어오지 않고 버스도 없던 시골이었다. 촛불이 있었지만 귀해 켤

수 있는 날은 잔칫날뿐이었다.

당시 남성고등학교는 매월 한 번씩 모의고사를 봐서 석차를 복도에 써 붙였는데, 나는 전교 1등을 놓치면 자존심이 상해서 밥이 넘어가지 않았다. 사실 대학 입학보다는 복도에서의 자존심이 더 중요했던 것 같다. 그때도 가정 형편이 어려워 서울대가 아니면 연고대에는 합격해도 다닐 수 없던 시절이었다. 서울대는 국립대학교라 당시 입학금이 3만 원 정도밖에 안 되었었다. 그때 공부를 위한 공부를 했던 것 같다. 영어 참고서는 가장 두꺼운 김열함 저자 것과 함께 10권 정도를 탐독했고, 수학은 이과(理科)였기에 《수학의 정석2》를 몇 번씩 봤다. 물리는 《체계물리》와 국사는 박주해 선생님의 등사본 책을 외우다시피 했던 기억이 있다.

학원은 생각도 못하고 혼자서 공부했다. 하지만 고등학교를 졸업하자마자 바로 서울대 공대에 합격했다. 학교에서는 교문 앞에 현수막을 걸고 선생님들이 기뻐했다. 가족과 선생님 못지않게 유성당 관리 아저씨가 나를 껴안고 기뻐했다.

서울대에 가서 어렵게 대학을 다니면서 우리 사회의 불균형에 관심을 갖게 되었다. 관심 분야가 사회과학 쪽으로 마음이 가게 되었다. 그래서 공대를 그만두고 서울대 법대에 입학시험을 새로 봐서 또 다시 바로 합격했다. 모교인 남성고에서는 서울대에 두 번 합격했다고 다시 한 번 현수막을 붙여 주었다.

멋과 흥이 넘치는 익산이 되었으면 좋겠다

국회의원을 하는 동안 나는 나를 키워준 익산과 안양을 위해 부족하지만 작은 힘을 보태려고 노력했다. 모교인 남성고에 기숙사 겸용 체육관이 필요하다는 홍철표 교장선생님 말씀에 교육부 특별교부금 20억 원을 유치했다. 어찌 보면 당연한 일에 손태희 이사장 님의 감사 인사는 물론 총동창회로부터 자랑스러운 남성인 상을 받아 쑥스러웠지만 뿌듯했다. 지역구인 안양의 중ㆍ고등학교 등에도 정부예산을 유치해 10여 개 가까운 다목적 체육관을 건립할 수 있었다.

내가 국회부의장이 되었을 때는 전주 KBS로부터 인터뷰 초청을 받았는데, 당시 내가 전북 출신으로는 유일한 국가 서열 10위 이내 인물이었다고 한다. 장시간의 인터뷰가 방영되고 난 후 시청한 익산의 여러 분들에게서 연락이 왔었다. "자랑스럽다", "장차 국회의장이 되어서 고향의 명예를 더 빛내 달라"는 칭찬과 격려가 대부분이었는데 그 말을 들으면서 오히려 내가 고향의 친구, 친지들로부터 큰 힘을 받고 있구나 싶어 새삼 가슴이 뜨거워졌다.

20년 전 쯤인가? 북일초등학교와 이리동중학교를 둘러보니 참 많이 변해 있었다. 특히 북일초등학교는 내가 다닐 때의 1층 목조건물은 오간 데 없고 밭이었던 주변까지 들어선 건물로 번화가가 되어 있었다. 탁구를 치고 싶다는 초롱초롱한 눈망울의 어린 후배들에게 탁구대를 선물해 줄 수 있어 흐뭇했다. 요즈음도 남성고교와 이리동중 등, 모교 동창회 초청이 오면 그리운 옛 얼굴들을 거의 매년 보고 있다.

그런데 내 고향 익산에 일자리가 부족해 나날이 인구가 줄고 있어 안타깝다. 교통의 요충인 익산이 인구가 줄고 있는 건 먹고 사는 문제 때문에 젊은이들이 대도시로 나가기 때문이다.

식품클러스터는 연구기관이 오지 않아 아쉽다. 연구기관이 와야 기업들이 오고, 많은 일자리가 창출된다. 그래서 식품클러스터 2단계 유치도 서둘러야겠고, 전주시에 이은 제2혁신도시가 되어야 정부 산하기관을 익산으로 옮겨올 수 있을 것이다. 이런 일들을 성사시켜 새로운 일자리를 많이 만든다면 내 고향 익산에 젊음이 넘칠 것이다.

멋과 흥이 넘치는 익산! 이곳에서 젊은이들과 막걸리를 마셔 보고 싶다. 수구초심(여우도 죽을 때 굴이 있는 쪽으로 머리를 둔다)이라는데 나도 고향에서 말년을 보내고 싶다. 나는 태어난 익산을 가슴속에 묻고 산다.

익산 웅포 곰개나루의 저녁노을

4

유발 하라리,
사피엔스에게

2020년 국회의원 총선 때 민주당의 공천을 못 받은 이후 찾아온 정치적 쉼의 시간.

그 시간의 사색과 독서는 내게 친구가 되어주었다. 매일 만날 수 있는 지구 저편의 생각과 사고 방식, 우주를 감싸고 있는 이론과 철학에 대해 무궁무진한 상상의 나래를 펴는 것은 나의 몫이었다. 상상과 독서의 공간에서 나는 수많은 석학들과 과거와 미래의 세상을 만나는 매력을 맛보았다. 이 소중한 순간들 속에서도 가장 독보적인 기억은, 예루살렘 히브리 대학에서 세계사를 강의하는 유발 하라리 박사의 저서 《사피엔스》와의 만남이었다.

하라리는 본인의 책 《사피엔스》에서 재레드 다이아몬드의 명저 《총 균 쇠》를 언급하면서, "매우 큰 질문들을 제기하고 여기에 과학적으로 답변하는 것이 가능하다는 사실을 《총 균 쇠》가 보여주었다"고 밝히고 있는데, 이 같은 언급은 나도 매우 동의하는 부분이다.

그는 인간의 과거와 현재, 그리고 미래를 꿰뚫어 보기 위해 생물학, 역사학, 사회학 등의 다양한 학문을 통해 큰 그림으로 통찰하고 있다. 인류는 어떻게 진화하면서 현생 인류로 살아남았는지, 그 과정에서 발달시킨 것은 무엇이고 희생된 것들은 무엇인지, 그리고 우리가 알고 있는 발전이 정말 인간을 위한 것이었는지에 대해 진지하게 바라보고 있다. 하라리 박사의 놀라운 식견을 통해 전해지는 메시지는 그동안 몰랐던 인류 탄생과 발전에 관한 지식의 만찬이었으며 이런 독서와 상상의 과정은 마치 감미로운 후식처럼 달콤했다.

오랜만에 느껴보는 학구적 희열

인류가 세상을 바라보는 관점을 키우며 똑똑해지는 시기를 다룬 인지혁명, 자연을 길들여 필요한 것을 얻게 되었지만 과연 인간을 노동으로부터 자유롭게 했는지에 의문을 던지는 농업혁명, 성장과 발전을 위해 전례 없는 기술적 진보를 달성하여 인류 스스로 위험할 정도의 힘을 갖추게 된 과학혁명. 단절과 계승, 생존과 도태라는 수만 년 시간 속에 켜켜이 쌓인 지식을 자연과 사회의 복잡다단한 현상과 인간 상호관계 속에서 핵심작용 요소를 도출해내는 그의 영민함에 감탄과 탄복을 하는 사이, 어느새 나는 이전의 모습보다 성숙해 있음을 느끼게 되었다. 오랜만에 느껴보는 학구적 희열이었다.

다만, 중요한 것은 앞으로 다가올 세상에 대한 전망일 것인데, 이에 대한 우울한 시각에 대해서는 적잖이 당황스러웠다. '인간이 신을 알았을 때 역사가 시작되었고, 인간이 신이 되었을 때 역사는 끝날 수 있다'는 공명 앞에서는 잠시 멈칫하게 된다. 지금의 인공지능 발달 속도와 챗 GPT가 가져올 불안한 미래에 대한 우려라면, 일부 동의되는 측면도 있으나 여전히 인간 본성과 마음에 대한 기대를 저버릴 수 없는 나로서는 당혹스러웠다.

나는 단연코, 인공지능의 기술적 진보로 생명마저 창조하는 시대가 도래하여 신의 영역을 넘볼 것이라는 그의 전망과 인류 종말에 대한 부정적 견해에 대해서는 우려를 표한다. 감정을 가진 인간은 영혼과 마음을 가진 존재이기에 그런 절망적 세상은 펼쳐지지 않을 것이라고 확신한다.

기술 발전의 화룡점정은 인간만이

　지금도 자율주행 기능을 탑재한 자동차, 무인 드론, 그리고 인간처럼 움직이는 로봇을 만드는 기술적 진보는 세계 곳곳에서 빠른 속도로 발전하고 있다. 그러나 개발된 기술이나 기계적 장치들이 천문학적 숫자를 빠르게 암산하고, 무거운 짐을 쉽게 들어올리거나 옮기는 것과 같은 기능적 우수성을 겸비하였다고 해도 이것이 곧 인간을 대체하거나 인간의 역할을 완전히 없애기는 어려울 것이다. 기계에게 쉬운 것이 인간에게는 어렵지만, 인간에게 쉬운 것이 기계에게는 더 어려운 이치이기 때문이다.

　과학 즉, 사이언스(Science)는 세상의 이치에 대해 아는 것으로 지식이라는 의미로서 사이언스의 어원인 라틴어 'Scio(알다)'에서 기원한 말이다. 한편 양심(Conscience)은 라틴어 'Conscio'에서 나왔는데, '함께'라는 'Con'과 '알다'는 'Scio'가 합쳐진 말로, 이는 태어날 때부터 모두 함께 알고 있는 것을 양심이라고 말하는 것이다. 그러므로 과학의 근간이 모두가 아는, 혹은 알고자 하는 마음과 양심에서 비롯되는 것이라고 할 때, 앞으로도 인간이 양심과 인간 본연의 마음을 벗어난 선택을 하리라고 보기는 어려울 것이다.

　마치, 용의 그림을 다 그리고 난 후에 마지막으로 용 눈동자인 점을 찍는 것을 화룡점정(畵龍點睛)이라고 하듯이, 인공지능(AI) 혹

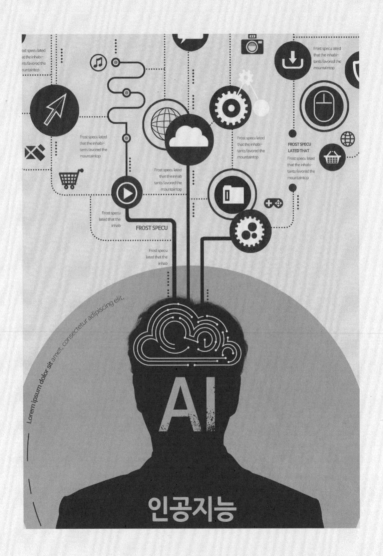

은 챗 GPT 등 기계적 도움과 역할이 커지더라도, 마지막 순간에 결정적인 선택과 의미 부여는 오롯이 인간의 몫으로 남아 있을 것이다. 인공지능(AI) 기술이 아무리 빠른 속도로 뛰어난 성능을 보이더라도, 결국 화룡점정을 찍는 것은 양심과 마음을 갖춘 사색, 해석력을 겸비한 인간의 역할이다.

헌법이 과학기술 발전과 시대정신에 뒤쳐져

돌아보면 다년간 국회의원으로 일하면서 과학기술의 발전과 혜택에 대해 눈여겨볼 기회가 많았다. 그래서 법률 제정과 헌법 개정으로 과학기술의 관심을 확장시킨 적도 많았다. 지금의 헌법은 1948년 7월 17일 제정 이후 9차례 개정을 거쳤는데, 마지막 개정이 1987년 민주화 이후 그해 10월 29일 개정된 헌법이다. 이때의 개정이 최초로 과학기술에 대한 조항을 반영한 것이었다. 개정된 헌법 제127조에 '국가는 과학기술의 혁신과 정보 및 인력의 개발을 통하여 국민경제의 발전에 노력하여야 한다'고 되어 있다.

아쉬운 점은 1987년 개정 이후 헌법 개정이 전혀 이뤄지지 않고 있기에 변화하는 기술발전과 시대정신을 모두 담고 있지 못하다는 점이다. 현행 헌법에서는 과학기술의 역할에 극히 제한적이어서 경제발전의 수단과 도구로서만 기능과 역할을 설정하고 있다.

유발 하라리는 "인류에게 반드시 도움이 되는 연구자금을 지원하기보다는 더 많은 권력이나 더 많은 돈을 벌 수 있는 연구에 자금을 지원하는 경향이 있다"고 주장하면서 과학기술의 발전과 지원에 대해 회의감을 보여주었다. 그의 이와 같은 지적은 어쩌면 경제발전의 수단으로만 과학기술을 바라보는 시선의 한계에 대한 지적이 아닐까?

과학은 우주 만물의 이치를 바라보려는 노력으로 당장 돈이 되지 않더라도 인류가 세상과 더불어 살기 위해 필요한 관찰과 실험 정신이 기반 되어야 할 것이다. 과학 그 자체로서 연구개발은 그래서 소중한 것이다. 인간의 보편적인 정신과 양심에 기반한 접근으로 과학기술 발전을 바라본다면 인류 멸망과 같은 최악의 시나리오는 오지 않을 것이라고 확신한다.

우리도 헌법 개정을 논의할 때, 문명의 발전과 세상 본연의 이치를 탐구하는 과학으로서의 중요성을 인정해 주어야 할 것이다. 당연하지만 건강한 삶, 행복한 삶, 풍요로운 삶, 그리고 더불어 함께 사는 삶을 위한 R&D 지원과 이를 통한 경제 발전도 함께 응원하고 지원해야 할 것이다.

유발 하라리의 책을 덮으며, 국회에서 내가 해야 할 일을 새삼 되찾은 것 같아 모처럼 깊은 잠을 청할 수 있게 되었다. 인류의 미래에 대해 화두를 던진 유발 하라리에게 감사함과 경의를 표한다.

안녕, 유발 하라리, 사피엔스!

5

이제 와서
박사 학위는 뭐하려고

인생을 살다 보면, 느닷없이 돌부리에 채이고, 잠시 그늘에 쉬어가야 할 때도 있기 마련이다. 우리 속담에 "넘어진 김에 쉬어가라"는 말도 있지 않은가. 무쇠처럼 단단하게 만들어진 자동차도 시간이 흐르면 정비가 필요하고, 멀리 가려면 휴게소에도 들러 쉬어야 하듯이 말이다.

몸은 쉬어도, 머리는 쉴 수 없어

19대 국회의 부의장을 거쳐, 2020년 6선 국회의원의 임기를 마쳤을 때부터 문재인 대통령이 의장으로 있는 평통의 수석부의장에 임명될 때까지의 기간은 오랜만에 맛보는 휴식의 시간이었다. 내 인생에 찾아온 꿀맛 같은 휴가였지만 제대로 즐길 상황은 아니었다. 코로나가 한창이던 시국에 해외를 나갈 수도 없었고, 그렇다고 국내 여행을 마음껏 할 수도 없는 실정이었다. 휴가였지만, 멈춤의 시간이었던 셈이다. 그렇다고 내 천성이 의

문재인 전 대통령과 함께

미 없이 노는 팔자는 못되어 어느 날은 친구들과 앞으로 무엇을 할 것인지에 관해 상의를 해보았다. 무슨 일이든 녹록치 않은 때여서 쉽사리 해답을 찾지 못하고 있었다.

그러던 어느 날 아침, 문득 공부를 더 해보고 싶다는 욕구가 샘솟았다.

서울대 법대를 졸업하고 고려대에서 경제학 석사 학위까지는 받았지만, 박사 학위가 없으니, 박사 과정에 입학해 보겠다는 내 생각에 대해, 주변 친구들은 손사래를 치며 극구 말렸다.

여기저기에서 "정치하느라 힘든데 무슨 공부까지 하느냐? 경력도 이미 많고 교수할 것도 아닌데 박사 학위를 받아 뭐하려고 그러나!"하는 책망이 돌아왔다. 그냥 편하게 쉬라는 주변의 만류에 잠시 멈칫했지만, 공부에 대한 생각과 열정은 내 마음 속에서 계속 자라나고 있었다. 불현듯 찾아온 학구열은 번개처럼 뇌리에 박혀 나를 밤새 잠 못들고 뒤척이게 했다. 그러던 며칠 후, 대학에서 은퇴한 후배 교수 한 분이 내 생각을 듣고는 적극 동조해 주는 것이었다. 그는 "사람은 죽을 때까지 공부하는 것"이라며, "어릴 적부터 꿈꾸던 것을 잊지 말라"는 조언과 함께 용기를 북돋아 주었다.

힐링정치 서약하며

짧은 정치 방학 끝, 박사 과정 입학

대학 강단에 섰던 후배 교수로부터 응원의 말을 듣고 보니 비로소, 초등학교 1학년 때 내가 꿈꾸었던 판타지 만화 같은 생각이 떠올랐다. '하늘을 마음대로 날아다닐 수 없을까? 머리 위 20미터 간격으로 층층이 사람이나 차들이 날아다니는 것은 불가능할까?'

이런 나의 호기심과 상상은 요새 신기술로 각광받고 있는 드론 택시로 곧 현실화될 가능성이 커졌다. 그래서 UAM(Urban Air Mobility, 도심항공교통)에 대하여 더 깊이 알고 싶어 한국항공대학교 대학원 항공운항관리학과에 입학하였다. 나의 정치 방학은 이렇게 짧게 끝나는 순간이었다.

한국항공대학교 캠퍼스 크기는 넓지 않았지만 하늘을 향해 열린 학문의 세상은 드넓었다. 그곳에서 만난 대학원 동료들은 학업과 직장 생활을 병행하는 경우가 많았는데, 자신의 업무에서 뜻을 펼치기 위한 상당히 실용적인 목적으로 대학원 공부를 접근하고 있어 매우 인상적이었다. 대학원 캠퍼스에서 일과 학습과 생활의 공동체가 이루어지고 있었다.

나는 대학원 5학기를 이수하는 동안 박사논문 제출자격을 얻기 위한 예비논문으로 소논문 몇 편을 써서 항공분야 전문학회의 심사를 받아, 교수님들의 논문이 실리는 학회지에 실렸다. 이후, 300페이지가 넘는 박사청구논문을 작성하여 세 차례의 심사를 받은 끝에, 2023년 8월 항공우주법 분야 법학박사 학위를 받을 수 있었다. 한국항공대학교 김선이 지도 교수님의 꼼꼼하면서도 학구적인 지도편달에 힘입어 논문 체계를 바로잡고 추가로 깊이 있는 연구분석을 할 수 있게 되어 감사할 따름이다. 강의해 주신 여러 교수님과 응원해 준 학우들에게 진심으로 감사한다. 박사과정은 녹록치 않았다. 서울대에서 법학을 전공하였지만, 학부를 졸업한 지 이미 오래 지난 후였다. 더욱이, 고려대에서 경제학 석사를 졸업한 나에게 드론 항공기술과 비교법 연구에 대한 접근 자체는 그야말로 매일매일 도전의 연속이었다. 더구나 박사논문 제목인 '드론택시(U.A.M) 운용을 위한 비교법 연구'라는 분야는 선행논문이 별무하여 영미와 독일, 중국과 일본의 제도를 연구해야 했다. 그러나 한번 시작된 학문의 유혹은 멈출 수 없는 일방통행길이었다. 말했듯이 박사 학위 논문에 도전하기 위해서는 먼저 학회에 소논문 몇 편을 투고해서 심사를 통과해야만 했다.

이를 위해, 먼저 《토지 소유권이 상공에 미치는 범위》라는 제목의 소논문을 관련 학회에 제출하였다. 과거 로마법 시대에는 토지 소유권이 지상과 지하에 무한히 미친다고 하였으나, 기술 진보와 사회 복잡화로 상황이 변화함에 따라 과거의 법으로는 현실을 맞출 수 없는 노릇이었다. 각종 지하 매설물로 인해 발생하는 분쟁과 판례 등을 참고했을 때, 향후에는 지상 200미터 범위까지만 토지 소유권이 개인 등에 인정될 수 있을 것이라는 점을 골자로 하는 논문을 제출했는데, 이 논문이 학회에서 받아들여졌다.

드론 택시 표준화에 관한 국내 최초의 예비 논문

드론 부품의 표준화, 소재부품의 안전 및 감항능력(항공기 자체의 안전성을 확보하기 위해 갖추어야 할 능력)에 대한 문제 등 드론 상용화를 앞두고 각종 표준화의 문제가 고민되어야 한다. 우리나라 정부나 공공기관이 드론 택시의 표준화를 선점한다면, 국제 기술경쟁력 측면에서나 글로벌 시장점유율 측면에서 세계 시장에서 유리한 고지에 올라서는 것은 명백한 일이다. 기존 국가표준에 관한 법률과 산업표준에 관한 법률이 이미 존재하지만, 현재 부상하고 있는 드론 택시에 대한 표준은 없다. 이 때문에 드론 택시 표준화에 대한 또 다른 소논문을 제출했더니, 운 좋게 학회 심사를 통과하였다. 이는 드론 택시 표준화에 관한 국내 최초의 연구 논문이 되었다. 얼마 후 이 논문을 알아 본 국토교통부로부터 연락도 받았다. 이는 국회에서 국토교통부 등 정부 부처를 상대로 국정감사와 법률안 심사 등 사후적으로 견제 감시 역할을 해오던 입장에서, 정

국내 최초 드론 택시 표준화에 관한 박사 학위 취득

부 부처로부터 선제적으로 행정관리 및 법안 참고를 위해 역으로 문의를 받았다는 점에서 매우 특별하고 의미 있는 일이다.

2~3년 후면 드론 택시가 서울 도심 상공을 날아다니게 될 것이다. 이미 정부와 대기업 등 드론 관련 사업화 기관에서 무인 드론 시험운항과 테스트를 시작하였다. 현대자동차, 한화, 대한항공, SKT 등 국내 굴지의 대기업과 통신사들은 이에 대해 연구개발을 수행 중에 있고, 산업자원부와 국토교통부 등에서 이를 뒷받침하기 위해 각종 지원계획을 수립 중에 있다. 조종사와 4명의 승객을 태운 드론 택시가 우선 잠실에서 한강을 따라 김포공항의 드론 택시 허브로 이동하는 모습을 상상해 볼 수 있다. 이런 드론 택시의 출현은 비좁은 국토의 한계, 교통 혼잡, 신규 도로 건설과 도로 지하화의 한계를 생각해 보면, 현실성 있는 선택지로 떠오르고 있다. 이제 잠실에서 김포까지 10여 분이면 이동이 가능할 전망이다. 이미 미국과 중국, 일본과 유럽도 상용화를 준비 중에 있다. 드론을 활용한 이동 수단은 수직 이착륙이 가능하기에 별도의 추가 도로 건설이 필요 없고, 기름(오일) 사용 없이 전기 배터리 혹은 수소 에너지를 사용하기에 친환경적이다. 원격 자동 컨트롤을 통해 관제탑에서 조종사 없는 운행도 가능하게 된다 .

물론, 아직까지는 여러 제약과 넘어야 할 과제들도 즐비하다.

드론 운용 및 시스템 안정화를 위한 기술적 난제 해결을 포함해 드론 택시의 상용화를 뒷받침할 수 있는 법률적 제도적 보완이 필요하다. 비행기나 헬리콥터보다 드론 택시는 상대적으로 낮은 고도에서 움직이기 때문에, 인근 주민들의 안전과 소음 발생 우려에 대한 불만 해소 등도 필요하다. 이러한 점에 착안해서 생각한 나의 졸업 논문 주제가 〈UAM(Urban Air Mobility) 운용을 위한 비교법 연구〉이다.

이미 드론 즉, UAM은 미국을 비롯해 다른 나라에서도 추진하고 있지만, 법률적, 정책적 조치를 어떻게 취하고 있는지, 또한 각 국가의 법제도와 정책을 어떻게 세우려 하는지에 대한 비교한 연구는 부족한 실정이었다. 실제 UAM 도입 및 상용화를 위한 표준화의 문제, 드론 택시 승하차 때 발생하는 보안 검색 문제와 이에 대한 해결방안에 대해 분석하고 시사점을 제출하였다는 점에서 의미가 있다.

어릴 적 만화에서나 꿈꾸던 하늘을 나는 세상이 이제 본격적인 개막을 앞두고 있다. 나는 운이 좋게도 지난 몇 년간의 정치 방학을 맞이하여, 드론 택시에 대해 깊이 있는 공부를 하게 되었고, 항공우주 전문분야 대학에서 드론 택시에 대한 비교법을 연구논문으로 썼다. 드론 택시 표준화 분야에서 최초의 연구논문 실적도 보유하게 된 지금, 그 어느 때보다 국회에서의 입법 활동과 UAM

활성화를 위한 정책적 검토와 예산지원 필요성에 대해 절감하고 있다.

서울을 비롯한 도시에서 교통지옥을 체감하며 매일매일 출퇴근하는 시민들, 특히 직장인들에게 드론 택시 상용화를 하루라도 빨리 안겨드리는 것이 박사 논문 저자로서 마지막 역할이 아닐까 하는 바람이다.

박사 학위 취득

6

이런 국회의장이
되고 싶다

의사봉 들고

익산 촌놈인 나는 많이 부족한 사람임에도 불구하고, 안양 시민들의 사랑을 받아 6번이나 국회의원에 당선되는 영광과 은혜를 받았다. 젊은 시절부터 오늘에 이르기까지 안양에서 정치를 할 수 있도록 배려해 주시고, 성원해 주신 애정과 믿음에 무한한 감사의 마음을 늘 지니며 살고 있다.

같은 지역구에서 6선을 한 의원은 단 3명

돌아보면, 김대중 대통령님과 김영삼 대통령님이 국회의원으로 활동하던 시절 이후로는 한 지역구에서 6선 이상의 국회의원을 배출한 경우는 매우 드물다. 근간에 같은 지역구에서 6선을 한 경우는 딱 3명 정도로 기억된다. 의정부에서 6선을 하였던 문희상 전 국회의장, 대전에서 6선을 한 박병석 전 국회의장 그리고 과분하게도 안양에서 6선을 한 내가 그 영광의 주인공이다.

이렇듯 선거를 치를 때마다 생기는 여러 복병을 이겨내고 변화무쌍한 민심의 파고 속에서 일구어낸 국회의원 6선은 매우 힘들고 그래서 값진 결과라고 말한다. 우선 당내 도전자들과의 경쟁에서 이겨내야 하는 통과의례가 있기 마련이고, 국회의원 본선에서는 여러 당과 무소속 출마자들과의 치열한 다툼을 해야 하기 때문이다. 이 때는 정책 대결보다 험한 말들이 난무하는 마타도어를 이

이낙연 전 대표와 함께

겨내야 한다. 밑도 끝도 없는 허위 소문과 싸우기도 하고, 그럴듯한 과대 포장과도 싸워야 한다. 경쟁 후보 측에서 제기하는 험한 말과 출마할 때마다 쌓이게 되는 거짓 소문은 떡시루처럼 켜켜이 쌓여서 그 사람의 이미지로 굳혀지기도 한다.

이런 과정을 겪다 보면, 아무개 후보는 숨겨놓은 재산과 건물이 있다더라, 누구는 결혼 안 하는 숨은 곡절이 있다더라, 하는 식의 카더라 소문만 남게 되어 후보 본래의 하얀색 이미지는 없어지는 경우가 많다. 선거를 치를수록 도전자보다는 배지를 지키는 입장이 더욱 불리한 경우가 더 많다. 어느 지역이든 본인을 지지하는 사람과 함께 반대편 의견의 사람들도 있기 마련이어서, 부정적인 이미지가 쌓이면 실상과는 다르게 나쁜 사람, 이상한 사람으로 낙인 찍히는 경우가 있다. 이런 경쟁은 정치의 순기능보다는 정치 혐오를 낳는 역기능으로 작용하고 있어 안타까운 현실이다. 한 지역에서

다선이 어려운 이유이다.

정치와 결혼한 이석현의 꿈

거울을 비추어 봐도 나는 키도 크지 않고, 생김새도 특출나지도 않은데 이런 사람을 믿고 선택해 준 안양 시민들이 눈물 나게 고맙다. 그런데 낭인으로 살고 있는 요즈음도 나에게 격려와 기대의 말씀을 많이 해준다.

"이 의원, 요새 뭐 하고 지내시나? 국회부의장도 했었는데, 이제 국회의장이라는 명예도 안겨줘야 하는 거 아닌가?"

물론, 과분한 말씀이려니 생각을 하면서도, 순간 정신이 번쩍 들게 만드는 말씀이다.

돌아보니, 2020년에 총선 출마를 못하고 주저앉은 상황이 야속하기만 하다. 그때 출마를 했었더라면, 여야 최다선인 7선 국회의원으로서 시민들에게 국회의장의 명예도 안겨드리고, 답답한 국회 상황에서 책임감 있는 역할을 하고 있었을 텐데 하는 아쉬움이 크다. 내가 국회에 못 들어가니 7선은 없고 한 명뿐인 6선 박병석 의원이 20대 국회 전반기 의장으로 추대되었다. 후반기 2년은 6선도 없어서 5선인 김진표 의원이 의장으로 선출되었다.

국민들뿐만 아니라 언론에서도 이석현은 정치와 결혼한 사람으로 알려져 있다. 그런 면에서 이제 7선 국회의원이 되어 국회의장으로 정치 인생의 마침표를 찍고, 후진들에게 길을 열어주고 싶은 마음이 다시 샘솟는다. 이것이 내 인생의 정치 졸업장이 될 것이다.

2024년 총선에서 7선이면 여야를 통틀어 최다선이 된다.

견제와 균형, 그리고 균형감 있는 결단력의 국회의장

국회의장은 행정부 수반으로 불리는 대통령, 사법부 수장인 대법원장과 함께 입법부 수장으로서 국가 지도자 역할을 수행해야 한다. 삼권분립 정신으로 대통령의 권력, 특히 강력한 대통령의 권력일수록 견제와 균형의 역할을 다해야 하는 자리이기도 하다. 국회 운영의 총 책임자로서 여야 화합의 정신과 함께 입법부 대표로서 결단력과 단호함도 필요하다. 여야 원내대표에게 현안 처리를 위해서 합의를 해오라고만 하면서 무작정 기다리는 산술적 중립은 책임회피를 하는 것에 다름 아니다. 매 순간 여야 원내대표는 각 정당의 이익을 위해 치열한 협상을 할 수밖에 없는데 국회의장이 국민 목소리를 대변할 정치력을 발휘하는 대신, 산술적·기계적 중립이라는 방패막이 뒤에서 뒷짐을 지고 있는 자세는 더 이상 의미가 없는 것이다. 입법부의 법안 심사권한을 제한하는 행정부의 시행령 남용, 대통령의 거부권 남용, 장관들의 도가 넘은 정치적 발언과

소신 발언하는 정의파 이석현

행보, 입법부에 대한 도전적 행태에 대해 브레이크를 걸 줄 아는
국회의장이 필요한 때이다. 모름지기 국회의장이라면, 화합의 정신
을 바탕으로 국민을 향한 통 큰 자세와 결단, 역사 인식을 지녀야
한다. 의회주의에 대한 신념이 있는 의장, 대통령과 행정부의 과도
함에는 단호할 줄 아는 결기 있는 의장이 필요하다.

국회부의장을 역임한 준비된 국회의장 감

돌아보니 내게는 지난 19대 국회 당시 국회부의장으로서 필리
버스터(무제한 토론) 사회를 주재한 경험이 있다. 2016년 2월 말 당
시 여당 측에서 강행 처리하려던 〈테러방지법〉이 직권 상정되면서
민주당 요구로 무제한 토론이 국회 본회의장에서 진행되던 때였다.
의원 1명당 발언 시간이 무제한으로 보장되는 제도이기에, 국회의
장은 불가피하게 국회부의장들에게도 2시간씩 교대로 본회의 사
회권을 넘겨주어야 했는데 나도 국회부의장실에 야전침대를 설치
하여 밤에도 두 시간마다 교대로 사회를 봐야 했다.

민주당 김경협 의원이 2월 26일 국회 본회의장에서 필리버스터
를 이어가던 중 당시 여당의 원내수석 부대표인 조원진 의원이 국
회 본회의 사회 주재를 하던 나에게 다가와 김 의원의 발언을 중지
시켜 달라고 여러 차례에 걸쳐 강력히 항의하였다. 그러나 나는 조
의원 의견에 대해 "모든 국민이 조원진 의원과 똑같은 것이 아니다.
김 의원의 발언은 테러방지법에 대해 국민들의 생각을 인용하는
것이기에 토론 주제와 관련된 것이 맞다"며 단호하게 거절한 일이
있다. 한편으로 의사방해에 대해서는 준렬하게 호통쳤다. 이와 같
은 모습을 지켜본 정치권에서는 내가 작은 탱크 같았다는 평을 내
놓기도 했다.

캐릭터 액자를 받고 활짝 웃는 이석현

또한, 5일째 국회 필리버스터 사회를 주재하고 있던 나는 당시 발언자로 나선 정청래 의원에게 화장실을 권유해 언론의 관심을 받은 바 있다. 정 의원의 발언은 새벽부터 시작해 9시간 가까이 진행 중이었는데 화장실 한 번 다녀오지 못한 상황이었다. 나는 "여야를 막론하고 필리버스터 도중에 화장실을 다녀올 수 있게 하는 것은 최소한의 인간적 배려"라며, 화장실에 다녀오라고 했지만 사양했다. 끝난 후 이유를 물러보니 종편 방송에서 비난할까봐 소변을 그냥 참았다고 했다. 그 후 안민석 의원이 발언 중 화장실 다녀오기를 요청해서 내가 허용했다. 정치인이 냉혈한으로 비춰지는 현실이었지만, 자연스러운 생리 현상 앞에서는 누구나 나약한 인간임을 국민 앞에 보여주고 양해를 구하고자 한 것이었다. 또한, 당시 필리버스터 기간 도중에 공천 배제 소식을 접한 강기정 의원이 발언 도중 눈물을 보이기도 했는데, 나는 그때 위로의 말을 건넸다. 나는 진행에 앞서 이런 말도 했다.

"국민 여러분! 지금 밖에는 흰 눈이 내리고 있습니다. 흰 도화지에 푸른 산, 무지개, 실개천이 흐르는 아름다운 세상을 그리고자할 때 그 그림 속에 국회의사당도 그려 넣으시겠습니까? 국회는 일곱 빛깔 무지개처럼 서로 생각이 다른 사람들이 모여 있는 공간으로, 생각이 다른 사람이라고 해서 틀린 것이 아니라 다른 것임을 인정하면서 공존하는 곳입니다. 저라면 하얀 도화지에 그런 국회를 함께 그려 넣고 싶습니다."

힐러리(Healer Lee) 이석현의 포부

〈테러방지법〉에 대한 국회 필리버스터 발언은 2016년 2월 말부터 3월 초까지 팩트TV 등을 통해서 생중계 되고 있었다. 국회의원들의 정치적 주장 못지않게 평소의 진솔한 생각들, 인간적인 발언 등도 여과 없이 중계가 되었다. 덕분에 TV중계를 지켜보던 국민이 국회에서 필리버스터 사회를 주재하던 나에게 국회의원과 국민

60

들의 마음을 치유해 주는 역할을 해주었다는 의미로 힐러(Healer, 치유자)라는 애칭을 붙여 주었고, 이는 내 성씨 이(Lee)와 합성되어 '힐러리(Healer Lee) 이석현'으로 불리는 계기가 되었다.

당시 국회 정치는 여야 협치라는 큰 길을 제쳐두고, 필리버스터라는 오솔길을 걷고 있었는데, 장시간 발언할 기회가 주어지자 의원들은 자신의 어린 시절에서부터 정치에 입문하게 된 계기, 살아오면서 가슴에 맺힌 얘기며 개인의 절절하고 실감나는 고민들을 털어놓으며 가슴 찡한 인간적인 면모를 보여주게 되었다. 나는 필리버스터 도중 욕을 먹던 국회라는 오명의 현장에서 뜻밖에도 국민들의 응원과 '힐러리, 치유자'라는 애칭도 얻게 되어 쌍방향 소통의 중요성을 절감한 때이기도 하다.

국회는 성스러운 곳도, 그렇다고 속된 곳도 아니다. 국민으로부터 선출된 사람들이 모여 생각이 서로 다른 국민을 대표하여 자신이 속한 지역과 사람들의 이해관계를 조정하는 곳이다. 그들이 모인 국회에서 국회의장은 입법부 수장으로서의 소신과 함께 서로 다른 이해를 조정하는 강단 있는 모습도 필요하다. 국회 사회권을 행사하는 국가 서열상의 국회의장이 아니라 역사의 물줄기를 여는 실질적인 국회의장이 필요한 시국이다.

2장

서울의 봄,
정의를 선택하다

대학 시절 잔디밭에서(맨 왼쪽)

1

세상의 아픔에
눈을 뜨다

1969년 서울대 공과대학 입학부터 1971년 법학대학에 다시 입학하기까지, 단순한 공학자를 생각하던 나를 바꾼 데에는 지금도 기억나는 세 가지 장면이 있다.

장면 하나, 지금은 성남으로 통합된 경기도 광주 대단지의 철거민촌에 다니며 나는 무보수로 야학을 진행했다. 철거민들이 좁은 공간에서 복닥복닥 살아가는 모습은 큰 충격이었다. 나 역시 전기도 통하지 않는 시골에서 올라왔지만, 삭막한 도시에서 드러난 가난의 모습은 차원이 달랐다. 이곳에서 가난은 더욱 선명하고 자유롭게 자신의 발톱을 드러내고 온갖 낮은 곳을 할퀴어댔다.

두 번째 장면은 겨울철 청계천에서 일어났다. 청계천 길을 걷던 나는 엄동설한에 사과를 파는 노점 할머니를 보았다. 아무도 사지 않고 관심도 주지 않는 가운데 할머니는 추위에 떨고 있었다. 곧이어 경찰이 오더니 할머니의 노점을 걷어찼다. 사과는 바닥에 뒹굴었다. 할머니는 시린 손을 불어가며 다시 그 사과를 주워서는 조심스레 닦아 바구니에 집어넣었다.

앞의 두 장면에 비해 결정적인 세 번째 장면은 오히려 고요하다. 그것은 서빙고동에서 보았던 대궐 같은 집이었다. 높은 담과, 그것보다 더 높은 지붕은 소란스러운 세상과 달리 홀로 평화로웠다. 이 장면은 앞의 두 장면과 겹치며 더욱 큰 대조로 다가왔다. 이 세 장면은 나로 하여금 공학자로서의 삶이 과연 얼마나 의의가 있을지 회의를 불러왔고, 나는 이 사회에서 무언가를 짓는 일보다 나누는 일에 집중하고 싶어 법대로 방향을 틀었다.

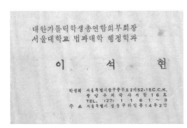

대한가톨릭학생총연합회 부회장 명함

학생운동과 부당한 영장 청구

그렇게 법대에 들어간 1971년, 서울대학교는 1학년을 한 곳에 모아 '교양과정부'를 편성했다. 나는 전국가톨릭학생회

나는 전국 가톨릭 학생회 부회장으로 일하면서
동시에 서울대 1학년을 모아놓은 교양과정부 내
'사회과학연구회'를 만들어 이끌었다.

부회장으로 일하면서 동시에 교양과정부 내 '사회과학연구회'를 만들어 이끌었다. 이 '사회과학연구회'를 통해 비판의식을 실천할 데모를 준비했다. 대학생들은 시대의 모순에 반응하며 비판의 목소리를 냈다. 내가 처음 입학하던 1969년에, 대학가의 화두는 삼선개헌의 반대였다.

새로 입학한 1971년에는 대학에서의 교련교육을 반대하는 목소리가 높았다. 진리와 학문을 자유롭게 추구해야 할 대학에서, 교련과 같은 군사주의를 강제하는 것은 비민주적이며 자유정신에

순수했던 청년 시절

침해가 된다는 이유에서였다.

이는 나아가 반독재운동까지 닿아 있었고, 각 대학에서 교련을 반대하는 목소리는 높아져만 갔다. 정부의 반응은 강경했다. 1971년 10월 15일, 서울 시내 대학교에 위수령이 내려졌고, 학교에는 탱크가 들어와 학생들을 감시하기 시작했다. 운동을 주도한 남학생들에게는 군대 영장이 발부되었다. 나에게도 그 영장이 날아왔고, 부당한 영장 청구에 나는 자초지종을 알아보았다. 알고 보니 학생운동에 주도적인 역할을 한 이른바 '골수분자'를 골라서 징집토록 당시 한심석 총장의 대학본부에서 병무청에 공문을 보낸 것이다.

행정 소송

이 공문에 반대한 나는 행정 소송을 준비했고, 당시에는 일면식도 없던 김대중 의원을 찾아가 물었다.

"의원님! 법 앞에 만인이 평등한데, 왜 대학 교련을 반대한다는 이유로 선별 징집을 당해야 합니까? 이것은 부당합니다. 바로잡아 주십시오."

당시 국방위원이었던 김대중 의원은 또 다른 국방위원을 통해 병무청에 알아보았다. 하지만 병무청은 학교 본부 핑계를 대며 발뺌할 뿐이었다. 나는 또다시 학교 본부를 찾아갔으나, 한총장은 만나지도 못하고 비서실장과 의미 없는 논쟁만 하고 돌아와야 했다.

그렇게 행정 소송이 길을 잃은 와중, 이듬해인 1972년 4월, 나는 '부활과 4월 혁명'을 주제로 한 대강연회를 기획했다. 대한가톨릭 학생 총연합회, 전국기독교학생연맹(KSCF), YWCA 세 단체의 공동주최로 기획한 이 행사를 위해 비밀리에 포스터를 인쇄하며 각 단체와 연락을 취했다. 포스터를 인쇄하던 도중 갑작스레 형사들이 들이닥쳐 나를 잡아갔다. 조사 중에 형사들은 내가 '골수분자'로 징집 영장을 받았으며, 이에 반대하여 행정 소송을 준비한다는 사실을 알게 되었고, 나는 고약한 놈으로 찍혀 형사들이 생각하는 '애국 행위'의 먹잇감이 되었다. 1972년 9월, 나는 병역법 등의 위반으로 함께 엮이어 기소당해 재판을 받게 되었다. 다행히 판사가 상황을 이해하게 되어 선고유예가 되었다.

2

치열한 싸움,
도움 그리고 군 생활

내가 재판에 회부되고 한 달 뒤인 1972년 10월, 박정희의 계엄령이 내려졌다. 국회가 해산됐고 유신헌법이 공포됐다. 만약 내가 한 달만 늦게 재판을 받았다면 군사 재판으로 징역을 살았을지도 모를 일이다. 9월에 민간 재판을 받게 된 것을 다행이라고 해야 할까, 불행이라고 해야 할까?

1971년 위수령으로 인해 입대하게 된 사람들을 일컬어 '71동지회'라고 불렀다. 교련을 반대하는 학생 운동, 이어지는 위수령과 징집영장까지 명확한 인과관계로 엮여 있는 이들 중 상당수는 지금까지 연락을 계속하고 있다. 아마 그때 바로 징집당해 군복무를

양승규 교수님 덕분에 징역을 피하고 입대했다.

하던 친구들 중에서는, '석현이 얘는 왜 안 오고 있나' 생각하던 이들도 있었을 것이다.

　나를 기소한 검사는 10개월을 구형했다. 그 소식을 들은 나는 하릴없이 막막한 기분이 들었다. '나는 최소한 6개월 실형은 살아야 하겠구나. 잘돼도 집행유예는 나오겠지' 그렇게 생각했었다. 그런데, 당시 나의 서울법대 지도 교수님이었던 양승규 교수님이 판사, 검사를 직접 만나고 다니며 그들에게 호소했다.

"석현이가 나라를 뒤집으려고 쿠데타 모의라도 했답니까? 민주주의 하자는 것뿐입니다. 선별 징집이라니, 법 앞에서 이게 무슨 불평등입니까? 석현이는 그걸 바로잡으려 한 것뿐입니다. 그러니 그냥 군대를 보내면 되는 문제이지, 징역은 필요 없습니다."

교수님의 설득이 효과가 있었던 것일까? 내 재판을 진행한 판사는 당시로선 이례적으로 선고유예를 내렸다. 덕분에 나는 처벌을 면하였고 전과도 없게 되었다. 이후 바로 영장이 다시 나왔고, 나는 1973년 4월에 결국 입대하였다.

허허벌판에서 시작한 군복무

논산을 거쳐 의정부의 101보충대에서 훈련을 마치고 발령을 받아 자대를 찾아간 나는 어리둥절했다. 부대가 있어야 할 위치에 아무것도 없었기 때문이다. 곧 자초지종을 알게 되었다. 나의 부대는 12급양대란 부대명만 있을 뿐 횅한 허허벌판인 상태였다.

다시 말해, 내가 이제부터 지어야 한다는 뜻이었다. 급양대는

양승규 교수님
당시 나의 서울법대 지도 교수님이셨던 양승규 교수님이 판사,
검사를 직접 만나고 다니며 그들에게 호소했다.
"석현이가 나라를 뒤집으려고 작당모의라도 했답니까?
선별 징집이라니, 법 앞에서 이게 무슨 불평등입니까?
석현이는 그걸 바로잡으려 한 것뿐입니다.
그러니 그냥 군대를 보내면 되는 문제이지, 징역은 필요 없습니다."

군대 시절 단체 사진(위 오른쪽 끝)
군대 시절 웃통 벗고(아래 오른쪽에서 두 번째)

말 그대로, 필요한 식량을 길러서 (養) 공급(給)하는 부대였다. 편성으로는 대대 규모의 단위인데도 30명 가량으로 1개 소대 정도의 인원만 있었던 이 부대는 새로 생긴 창설부대라 여러 부대에서 차출된 병력이라, 각 부대의 골칫거리들을 모아 놓은 곳이었다. 한 번

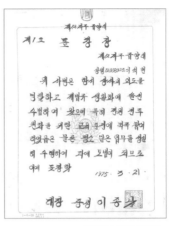

12부대 급양대 표창장

씩 옛 부대에서 사고를 친 군인들끼리 모여 두부 공장, 콩나물 공장을 짓고, 직접 재배해서 타 부대에 배급해야 했다.

　당시 행정장교 대위는 부대에서 서무를 볼 사람을 찾고 있었다. 마침 우리 부대에는 타 부대에서 서무계를 보다가 쫓겨난 사람이 있었고, 대위는 그에게 서무를 맡겼다. 그러자 이제는 서무계 조수가 필요해졌다. 그렇게 인사기록을 보던 대위는 내 학적을 보고 나에게 와서 행정병을 맡으라고 제안했지만, 나는 에둘러 거절했다. 만용 혹은 객기였을지도 모르지만, 나는 직접 노동을 하며 생각도 정리하고 인생을 배우고 싶었다. 이런 나의 뜻을 인정받아, 나는 야산에서 돌을 캐다가 연병장 옹벽을 쌓고 개천에서 물을 길어다가 시멘트를 비벼서 블럭벽돌을 만드는 노동 업무에 배치되

었다.

군복무 중 남산에서 조사를 받다

과연 일은 매우 고단했다. 우리는 모든 것을 자급자족해야 했다. 시멘트 포대만 받아 근처 개천의 물과 모래만으로 시멘트를 빚어야 했고, 축대도 산에 가서 직접 돌을 가져와 쌓아야 했다. 온몸이 땀 범벅이 되기에 옷도 입지 않고 일했다. 웃통을 벗고 타올을 깔아 돌을 짊어 날랐다. 한편으로는 성깔 있는 친구들만 모아 놓은 터라 안팎으로 사고도 끊이지 않았다.

그렇게 2년 가량의 막노동과 거친 땀방울로 드디어 공장들을 세웠다. 다른 부대에서 트럭을 몰고 콩나물과 두부를 수령하러 왔고, 우리는 공급하는 입장이 되어 한껏 일이 쉬워졌다. 고된 노동 덕분인지 그때쯤에는 체력도 많이 좋아졌고, 군 생활을 마치기 전까지는 우리가 지은 공장 덕분에 부족함 없이 지낼 수 있었다.

공병부대 같은 군 생활이 한참일 때, 한번은 보안사에서 아무런 통지 없이 중앙정보부(지금의 국정원)로 나를 끌고 갔다. 부대장도 그 원인을 몰랐고, 나는 남산에서 조사를 받았다. 알고 보니 그때 재일교포 유학생 간첩단 사건이 벌어졌고, 중앙정보부에서는 이에 대한 정보를 캐내려 나를 데려간 것이었다. 그러나 군인으로서 사회와 단절되어 있었던 나는 아무런 관계도 없음이 드러났고, 그 서슬 퍼런 남산에서 무사히 풀려났다.

군대 시절 동기와(오른쪽)

내가 입대하고 정확히 1년 뒤, 1974년 4월 전국민주청년학생총연맹(민청학련)과 관련하여 180명의 학생이 구속 및 기소되었다. 이때 잡혀간 학생들은 사형, 무기징역, 실형을 비롯해 온갖 처벌을 받았다. 정말 끔찍한 일이 벌어진 것이다. 그러니까 나는, 민청학련 사건을 1년 앞둔 1973년 4월에 군 생활을 시작했기 때문에 그 혹독한 사건에서 벗어날 수 있었다. 이것을 내가 당하지 않았다는 이유로 섣불리 다행이라고 말할 수 있을까! 여전히 생각하고, 마음이 참담했다.

한 가지 더.

당시 나에게 냉혹하게 실형을 구형한 B검사는 전두환 정권에 이르러 법무장관이 되었다. 한편 고맙게 선고유예를 내린 J판사는 이후 판사복을 벗었다. 그리고 나를 위해 힘써 설득해 주신 양승규 교

수님은 김대중 대통령 당선 후, '의문사 진상규명 위원회'의 위원장

으로 활동하셨다. 참으로 역사란 얄궂고 무겁다.

친구와 함께(오른쪽)

3

현대건설과 울산에서
부활한 DNA

3년에 가까운 군 생활이 끝나고 나는 다시 학교로 돌아갔다. 복학 이후에는 별다른 저항 없이 그저 열심히 공부했던 기억만 남아 있다. 감사하게도 노력에 대한 보상인지 몇 번의 장학금도 받곤 했다. 지금도 그렇겠지만, 그때는 법대 졸업생들은 절에 딸린 요사채에서 고시를 준비하는 것이 자연스러운 절차처럼 여겨졌다. 하지만 법대를 졸업하고도 나는 사법 고시를 준비할 생각이 들지 않았다.

유신 체제는 공고했고, 박정희 대통령의 독재가 이어지고 있었다. 이런 상황에서 사법고시에 통과하고 나아가 판사, 검사가 된다 한들 무슨 의미가 있을까? 앞날을 고민할수록 이런 생각만 커졌

현대건설 현장-발표하는 이석현 관리주임

다. 그러던 중 신문에서 현대건설 공개 채용 광고를 보게 되었다.

독재 정권에서 벼슬을 하느니 차라리 이게 낫겠다 생각한 나는 바로 현대건설에 지원했고, 시험을 본 다음 합격하여 1978년 봄에 입사하게 되었다.

현대건설 정주영 회장과의 만남

수습 기간에는 망원동의 가설 사무소에서 지냈다. 당시에는 한

복학 후 청풍 모임 멤버들과 춘천에서(오른쪽 끝)

창 성산대교를 짓고 있었
는데, 그중에서도 교량을
지탱하는 기둥(커다란 우
물 같다고 하여 '웰well'이라
불렀다)을 만들고 있었다.
난지도는 파리가 득시글
대는 쓰레기 매립지였고,
비가 오면 망원동은 물에
잠겼다. 수습 기간 중 특별히 떠오르는 기억이 있다. 신입사원 연수
회에서 정주영 회장을 만난 것이다. 당시 신입사원 입장에서는 이
명박 사장도 만날 수 없었는데, 그 연수회에서 특별히 정주영 회장
을 만난 것이다.

현대자동차를 비롯해 현대건설의 다양한 기술을 자랑하던 회
장은 신입사원에게 질문을 받기 시작했다. 누군가가 물어보았다.

"회장님. 왜 자동차 철판을 두껍게 만들지 않습니까? 어디 부딪
치면 너무 쉽게 우그러지는데, 철판을 두껍게 만들면 더 오래 쓸 수
있을 텐데요."

정주영 회장은 즉흥적인 재치를 갖추고 대답했다.

"아니, 생각해 보세요. 사람들이 차를 타 봐야 10년이나 탈까

총회 사회보는 이석현.
울산시 청년들과 함께
양서협동조합을 만들었다.
양서협동조합은 민주주의의 암흑기에
좋은 책을 읽으며 세상을
보는 바른 눈을 가지자는
취지에서 사회과학 서적을
탐독하는 형식의 모임이었다.

울산양서협동조합(왼쪽에서 두 번째)

요? 그런데 두껍게 만들면 차만 무겁고 돈도 그만큼 많이 들어서 부담스럽잖아요. 그리고 무엇보다 차가 빨리 닳아 없어져야 새 차를 빨리빨리 살 거 아닙니까?"

짓궂은 농담 섞인 회장의 말에 장내에는 웃음이 터졌다. 그리고 이어서 내가 질문했다. 당시 현대자동차와 관련한 부정 문제가 터진 적이 있는데, 공연히 그때는 그걸 그렇게 물어보고 싶었더랬다.

"회장님, 다른 회사도 많지만, 저는 현대건설이야말로 우리나라 경제의 토대가 되기에 자부심을 가지고 들어와 이렇게 일하고 있습니다. 그런데 신문에 그런 불미스런 사건이 실리고, 아주 제가 창피합니다. 회장님께서는 책임을 느끼시지 않는지요?"

그 순간 분위기가 차갑게 식었다. 회장은 '알겠습니다.' 한 마디만 남기고 나갔고, 뒤에서는 누군가 나를 밖으로 데려갔다. 지금 생각해도 오싹하고 엉뚱한 그 일 이후로, 나는 아무래도 회사에서 별난 인물이 되어 있었다. 당시 이사로 재직하던 J선배 역시 그런 나를 보며 적잖이 마음을 졸였다고 한다.

울산양서협동조합과 영화 〈변호인〉

수습 기간이 끝나고 부서 배치의 시기가 찾아왔다. 나처럼 상경 계열이나 법대 계통의 문과 출신 사원들은 주로 화이트칼라 사무직이 되었으며, 그쪽을 선호했다. 심지어 현장의 관리직으로 배치받은 지인은 그길로 사표를 내고 그만두기까지 했다. 하지만 나는 오히려 본사에 배치되었으면서도 현장의 관리직을 자처하였다. 그때는 직접 현장에서 근로자들과 함께 동고동락하고 싶은 마음이었다. 그렇게 2년 반 동안 여러 현장을 다니며 청주비행장으로 가는 도로를 닦고, 청주종합병원을 짓는 일을 비롯하여 온갖 경험을 쌓았다. 특별히 여러 곳의 현장 근무 중에서 가장 길게 1년 가량을 지낸 울산 현장이 기억에 남는다. 울산에서는 아피통 목재를 만드는 공장을 짓는 일의 관리주임을 맡았다. 하지만 직장 동료, 노동자들과 함께 일을 하는 와중에도, 나는 정치적인 상황에 대한 문제의식이 그치지 않았다.

나의 이 DNA는 울산시 청년들과 함께 양서협동조합을 만들기에 이르렀다. 양서협동조합은 민주주의의 암흑기에 좋은 책을 읽으며 세상을 보는 바른 눈을 가지자는 취지에서 사회과학서적을 탐독하는 형식의 모임이었다. 그때 한창 유행하고 있었던 이 모임은 서울을 시작으로 부산이 생겼고, 아마 울산이 세 번째 정도일 듯싶다. 하여튼 현장근무를 하면서도 울산에서 의사로 일하는 K어른을 이사장으로 모시고, 내가 부이사장을 맡아 조합을 꾸렸다.

지금도 모여서 책을 읽고 회의하며 토론하던 그 날들이 떠오른다. 특별히 양서협동조합은 수 년 전 개봉한 영화 〈변호인〉의 소재로 등장하기도 했는데, 그 영화를 봤을 때 나의 울산양서협동조합 시절이 떠올라 마음이 따스한 한편 서글프기도 해서 영화 상영이 끝나고 한참 동안 그 자리에 남아 감정을 추스렸던 기억이 난다. 좌우지간 그 시간들은, 최소한 그 시국에서 사법고시를 준비한 일보다는 보람 있었다고 자신 있게 말할 수 있다. 지금은 연락이 닿지 않지만, 그때 함께하던 의식있는 그 청년들의 모습이 그립다.

4

도망자들 |
서울의 봄과 연청

연청 동료들과

현대건설에서 현장관리로 일하던 시기는 변함없이 정치적 격동기였다. 1979년 10월에는 박정희 대통령이 세상을 떠났다. 이어서 12월 12일에는 전두환을 필두로 하여 군사 반란이 일어났다. 이런 일련의 사건들과 함께 민주주의를 열망하는 목소리 역시 더욱 커져만 갔다. 오랜 독재의 끝은 그만큼의 희망을 안겨 준 것이다. 그렇게 1979년 10월부터 1980년 5월에 이르기까지 절절했던 시기를, 우리는 '서울의 봄'이라고 부른다.

그때 진정한 '서울의 봄'을 꿈꾸던 목소리들이 모여 등장한 모임이 민주연합청년동지회, 줄여서 연청이다. 연청은 민주화와 김대중 선생의 대통령 당선을 위해 모인 조직으로서, 12명의 중앙운영위원을 중심으로 하여 전국의 시·군에 조직을 꾸려 나갔다. 당시 현대건설 현장에서 관리직으로 일했기 때문에 한결 자유로웠던 나 역시 가장 어린 나이로 연청에 가입했다. 그렇게 민주주의, 나아가 통일까지 핵심 기치로 하여 의정부에서 발기인대회를 마쳤다. 바야흐로 본격적인 봄을 맞이할 것만 같았다. 하지만 며칠 후인 5월 17일, 또다시 쿠데타가 일어나며 계엄령이 선포되었고 다시 어둠이 찾아왔다.

그 해, 여전히 꽃 피우지 못한 봄

나와 동갑이던 B씨는 계엄령 선포 직후 뒤숭숭한 분위기를 느

연청 활동 당시

껴 전농동에 있던 우리집에서 함께 숨어 있었다. 다음날 TV를 보니 이미 수배 방송이 한창이었고, B씨와 나는 다시 도망자 신세가 되었다. 나는 분당으로, B씨는 석관동 쪽으로 도망갔다. 그는 거기서 금테 안경을 두른 채 법서를 들고 고시생으로 변장하여 숨어 있었다고 한다. 나는 회사에 알리고는 B씨와는 다른 방향인 분당쪽으로 피신해 있었다. 그때는 율동이라 부른 그곳에서 나는 새마을 연수원을 짓기 위해 첩첩산중 가운데 산맥을 끊어 진입 도로를 한창 내고 있었다. 그렇게 현장 근무를 하던 도중, 비가 촉촉하게 내리던 7월의 어느 날이었다. 짧은 스포츠 머리를 한 두 사람이 가설 사무실로 오더니 나를 찾았다. 기어이 보안사에서 사람을 보내 나를 찾아온 것이다. 나는 두 팔을 잡힌 채 1킬로미터에 달하는 진흙 길을 끌려갔다.

"너는 이제 죽었다. 살아 나오지 못할 거야."

내게 권총을 겨눈 채 그들은 연신 겁을 주었다. 내가 아무 말도 않자 그들은 재차 물어보았다.

"너 지금 무슨 생각하고 있는지 내가 다 안다. 옛날에 일제 강점기 때 항일운동 하던 사람들이 형사한테 끌려가는 그런 장면 생각하는 거지? 네가 애국자라도 된 것 같아? 너희들 때문에 나라가

고 김대중 전대통령과 문희상 전 국회의장

지금 이러는 거 아냐."

　이런 말을 들으며 걸어간 진흙 길의 끝에는 검정 세단이 한 대 있었다.

　나를 끌고 간 사람들은 차에 탄 사람을 '추 소령님'이라 불렀다. 차로 옮겨타면서 그들은 내 눈을 가렸다. 얼마쯤 갔을까? 시간상으로는 아마 남한산성 쪽이었던 것 같다. 끌려 내려서 보안사에 들어가자마자 맞기 시작했다. 보안사에서는 나에게 정치문화연구소의 L선배에 대해 내가 돈을 대줘서 절에 숨겼다는 정보가 있다며 숨은 곳을 대라고 추궁하였다. 정치문화연구소는 나나 연청 주요 멤버들보다 연배가 있는 사람들로서, 학생운동을 하는 우리와 어느 정도 연관이 있지 않을까 하여 추궁한 것이다. 무릎 꿇리고 군화로

배기선 이경애 부부

밟기, 머리채 잡고 욕조에 처박기 등의 고문도 받았다. 하지만 며칠 정도 뒤에도 내가 아는바가 없다고 느꼈는지 나를 풀어 주었다.

그때 나 말고도 계엄령 이후 보안사로 잡혀간 사람들은 정말이지 가혹하게 맞았다. 특히 집안이 의정부에서 큰 서점을 하던 M선배는 김대중 선생에게 자금을 지원했다는 의혹으로 인해 두 번이나 잡혀가 곤욕을 치러야만 했다.

한편, 석관동에 고시생으로 위장한 B씨는 여학생 L씨가 사는 집에 하숙으로 들어갔다. 거기서 L씨는 B씨를 돌보았고, 그러던 중 사이가 가까워지기에 이르렀다. 당시 B씨는 많은 문서를 가지고 있었기 때문에 중요한 역할을 하고 있었다. 불행히도 B씨는 고시생 위장에도 불구하고 잡혀가야 했고, 다행인지는 몰라도 잡히기 전에 해당 문서들을 무사히 태웠다. B씨는 재판을 받기 위해 구속되었는데 징역을 살게 되었고, 몇 번의 면회를 거친 뒤에 L씨와 결혼하기에 이르렀다. B씨는 배기선 전 의원이고 L선배와 M선배는 이협 전 의원과 문희상 전 국회의장이다.

이처럼 뒤숭숭한 시국은 그만큼 극적인 드라마를 만들었다. 우리는 봄을 열망했고, 그만큼 힘들었으며, 그래서 더욱 포기할 수 없었다. 그해는 여전히 나에게 꽃피우지 못한 봄, 비가 축축하게 내리던 날의 질퍽하고 두려웠던 진흙 길로 기억된다.

5

영등포 오락실의
그 선배

"석현아. 너 언제부터 이렇게 됐냐? 혼자만 잘 먹고 잘 살겠다고? 다시 한 번 생각해 봐라."

불면의 밤을 보내는 내내 선배의 목소리가 맴돌았다. 회사에서 승승 장구하며 가족을 책임질 것이냐, 아니면 옳다고 여기는 일을 할 것이냐. 어느 쪽도 선뜻 정하지 못했다. 고민하는 사이 어느새 날이 밝아왔다.

연청 사건으로 잡혀가 몰매를 맞다 풀려난 나는 현대건설 현장으로 복귀했다. 2년 반 동안 여러 현장에서 관리로 일하다 대리가 되었고, 다시금 발령을 받아 본사로 올라갔다. 본사에서는 종합기

연청 멤버들과 등산.
이석현(왼쪽 가운데),
황선배(아랫줄 가운데)

민추협 기획위원 시절(맨 왼쪽)
민주주의를 위해 많은 사람들이 붙잡히고 짓밟히는 시기에
나 혼자 편하게 지내도 괜찮을까 하는 자책을 이기지 못했다.
결국 나는 교보를 그만두고 민추협에서 기획위원을 맡았다.

획실 홍보파트에서 다달이 출간되는 사우지의 출판을 도왔다. 본사 홍보실에서 일한 지 1년 반쯤 되었을까. 당시 광화문 사거리에 있던 현대건설의 맞은편 교육보험(지금의 교보)에서 스카웃 제의가 들어왔다. 교보에서 전무로 근무하던 두 선배가 나를 점찍어 둔 것이다.

1982년에 나는 현대건설을 그만두고 교보로 이직했다. 회사측은 나를 단순한 대리가 아닌 미래의 임원으로 육성하려 했다. 그리고 내가 차후 경영을 위해 부족한 부분부터 먼저 공부하라고 제안했다. 법대를 다녔으니 관리업무는 알겠지만, 보험 수리는 모를 것이라는 이유에서였다. 나는 대리로 근무하면서 효자동에 있는 보험연수원에 다니며 보험 수리와 영어를 배웠다. 넉넉한 봉급과 함께 교육받으며 편안히 교육보험을 다닌 지 2년이 되던 1984년, 나는 한 번 더 스카웃 제의를 받았다. 이번에는 회사가 아닌 정치결사체였다.

가장의 길과 '민추협'의 길목에서

1980년에 전두환을 필두로 등장한 신군부는 이내 야당을 해산시켜 버렸다. 김대중 선생, 김영삼 선생을 비롯한 국회의원들은 정치규제는 물론이고 가택연금까지 당했다. 이런 탄압 속에 전두환 정권에 맞서, 서로 반목하던 동교동의 김대중 선생 세력과 상도동의 김영삼 선생 세력은 극적으로 손을 잡기에 이르렀다. 그렇게 만들어진 단체가 민주화 추진협의회, 줄여서 민추협이다.

L선배는 나에게 민추협에 들어올 것을 권했다. 예전 같았으면 발벗고 나섰겠지만, 나는 머뭇거리며 고민에 빠졌다. 본격적인 신군부 아래에서 민추협 활동을 했다가는 자칫 징역을 살 위험이 큰 데다가, 가족들을 먹여 살려야 했던 장남으로서의 현실적인 문제도 무시할 수 없었기 때문이다. 또한 나를 직접 스카웃하고 여러 교육을 베푼 두 선배도 마음에 걸렸다. 탄탄대로가 보장되어 있는 회사 생활에 미련도 있었다. 하지만 전두환 군부의 독재를 외면할 수도 없었다. 그렇게 우물쭈물하던 나에게 독촉이 이어졌고, 나는 고민으로 불면의 밤을 보냈다.

결국 나는 교육보험에 사표를 내고 민추협 활동을 시작했다. 교육보험의 선배들은 크게 아쉬워했다. 나 역시 그들에게 크게 미안한 마음이었다. 정의감 있고 용기가 출중하다고 나를 특별히 불렀는데, 바로 그 이유로 그들을 떠났기 때문이다. 하지만 미안함도 잠시, 민주주의를 위해 많은 사람들이 붙잡히고 짓밟히는 시기에 나 혼자 편하게 지내도 괜찮을까 하는 자책을 이기지 못했다. 결국 나는 교보를 그만두고 민추협에서 기획위원을 맡았다.

민추협 기획위원 시절(이석현 오른쪽 끝)
이런 상황 속에서 전두환 정권과 맞서기 위해, 서로 반목하던
동교동의 김대중 선생 세력과 상도동의 김영삼 선생 세력이
극적으로 손을 잡기에 이르렀다.
그렇게 만들어진 단체가 민주화추진협의회, 줄여서 민추협이다.

민주주의를 일군 민초들의 희생

예상했던 대로 민추협에서는 궁핍한 생활이 이어졌다. 우리는 라면으로 끼니를 때우는 일이 예사였고, 어쩌다가 공돈이라도 생기면 명절 음식 먹듯 짜장면을 먹었다. 버스비가 없어 청량리에서 광화문까지 걸어가야 했던 적도 있다. 김영삼 정부 때 국무총리를 했던 이수성 교수는 지금도 종종 나에게 말한다.

"그때가 민추협 때였나. 광화문 어디쯤에서 꾀죄죄하고 시커먼 얼굴에 반팔 와이셔츠 입고, 못 먹은 사람처럼 생겼는데 눈이 반짝반짝했어."

그의 말처럼, 궁핍한 상황에서도 내가 하는 일에 대한 보람만은 충분했다. 생계가 어려웠지만, 당시 특별히 고마운 기억이 하나 있다. 나와 함께 연청 활동을 하던 한 선배는 영등포에서 오락실을 운영하고 있었다. 나보다 거진 열 살은 많았을 그 선배가 어느 날 나에게 말했다.

"석현아, 네가 민추협 활동을 하면서 돈을 못 벌고 있을 텐데, 밥은 어떻게 먹고 다니냐?"

"아 형, 밥이야 어찌 먹지요. 살아 있을 만큼은 먹습니다."

그러자 선배는 넌지시 제안했다.

"네가 나라를 위해 좋은 일을 하는데 내가 아무도 모르게 좀 도와주고 싶구나. 내가 한 달에 30만 원씩 줄 테니 그 돈으로 집안의 생활비를 해결하렴."

나는 깜짝 놀라 극구 사양했지만, 선배는 괜찮다는 말과 함께 돈을 쥐어 주었다. 당시 30만 원은 내가 교육보험에 다니면서 받던 한 달 봉급에 달했다. 이런 도움을 주는 대신 선배는 한 가지 조건을 걸었다.

"대신 아무도 모르게 해라. 나는 그냥, 석현이 네가 좋아서 도와주는 거야. 그런데 다른 사람들이 알게 되면 내가 무슨 정치적인 야망이라도 있는 것처럼 보일 것 아니냐."

나는 선배의 마음이 너무나 고마워 연신 고맙다고 되뇌었다.

매달 돈을 부쳐 주던 선배의 도움은 내가 국회의원이 되기 전까지 이어졌다. 정의와 민주화를 향해 마음껏 노력할 수 있었던 데에는 오락실 그 선배의 도움이 컸다.

나는 진지하게 믿는다. 이 땅의 민주주의를 위해 수많은 걸출한 인물들이 희생했지만, 그 이면에는 보이지 않는 민초들의 더 많은 희생이 자리했다고. 지금은 돌아가신 그 선배가 베푼 것과 같은 손길들이야말로 이 땅의 민주주의를 일구었다.

6

DJ의 굴비 면접

1985년은 여러모로 의미 있는 해였다. 김대중 선생이 귀국했고, 총선에서 이변이 일어났다. 그리고 나는 선생을 모시게 되었다.

1980년대 초반에 김대중 선생은 미국으로 망명을 가 있었다. 신군부의 등장과 함께 사형 선고를 받고, 미국 등 세계 여론에 힘입어 감형을 받은 후 미국 내 인권여론이 들끓자 미국정부의 도움으로 피신을 가 있었던 것이다. 그랬던 그가 1985년에 다시 돌아왔다.

직전에 필리핀의 아퀴노 대통령 후보가 미국 망명에서 돌아오다가 마닐라 공항에서 군인들한테 피살되었기 때문에, 김대중 선생의 귀국은 큰 위험이 따르는 모험이었다. 한편으로 동교동과 상

김대중 선생을 모시던 시절

도동이 극적으로 의기투합해 민추협을 만들었으나 정작 김대중 선생이 없으니 양측의 균형이 맞지 않았다. 또 한편으로는 워낙 위험한 시국이었기에 함부로 귀국했다가는 어떤 일이 일어날지 몰랐다.

이러한 위험을 무릅쓰고 김대중 선생이 귀국한 뒤 며칠 후인 2월 12일, 총선이 열렸다. 그날의 총선에는 돌풍 같은 이변이 불어닥쳤다. 창당한 지 한 달 정도밖에 되지 않은 신한민주당, 줄여서 신민당이 지역구에서 50석, 전국구에서 17석을 확보한 것이다. 이 신민당은 정치규제로 인해 해산해야 했던 이전 신민당의 핵심 인사들과 민추협이 모여서 만든 당이다. 비록 여당인 민주정의당이 여전히 과반을 차지하고 있었지만, 신민당의 선전은 국민의 마음이

DJ 비서 시절

어디로 향하고 있는지를 여실히 보여준 사건이었다.

김대중 선생의 비서가 되다

이렇듯 민주주의의 작은 불씨가 살아날 듯한 상황에서 김대중 선생은 기존의 정치를 탈피하고자 30대의 젊은 비서를 찾았다. 교보생명에 사표를 내고 민추협에서 저항운동을 하던 8월의 어느 날, 나에게 동교동으로부터 연락이 왔다. 당시 동교동 집은 지금 동교동의 그 위치가 아니라, 길 건너편 언덕 위에 자리했다. 연락을 받은 나는, 선생께서 젊은 사람들의 목소리를 좀 들어 보려나 보다, 하는 생각이 들었다. 그 때 30대 젊은이는 어디서 제대로 목소리도 내지 못하는 정치 분위기였으니 말이다.

그래서인지 이런 경험이 새롭다고 느끼며, 한편으로 김대중 선생을 뵌다고 생각하니 설레기도 했다. 사실 김대중 선생을 만난 건 이때가 처음이 아니다. 1971년 위수령 당시, 부당한 징집 영장에 반대하던 나는 당시 국방위원으로 활동하던 김대중 의원을 찾아가 부당함을 호소하며 도움을 청한 적이 있다. 10여 년의 시간이 지나, 이렇게 만나게 된다니 신기한 기분이었다. 물론 젊은 사람들의 목소리를 듣기 위해 부르는 것이니 아무래도 나와 같은 사람 여러 명을 불러서 함께 얘기할 것이라 생각했다. 그런데 막상 가 보니 나 혼자였고, 선생과 단둘이 밥을 먹게 되었다.

익히 들어와서 알고 있던 김대중 선생은 카리스마 있는 연설가, 독재와 싸우는 운동가였기 때문에 단호하고 강한 이미지였다. 그러나 이런 이미지와는 다르게, 김대중 선생은 나를 아주 자상하게 대해 주었다. 굴비 살을 직접 발라내어 내 밥숟가락에 올리며 먹어 보라 권하는 모습은 마치 아버지 같았다. 실제로 둘째 아들이 나와는 같은 나이였다. 밥을 먹으면서 선생은 내게 일을 하나 맡기셨다.

"내가 지금 귀국한 지 얼마 되지 않은 상황이네. 그래서 무엇을 어떻게 할지, 지금 같은 상황에 앞으로는 또 어떻게 해야 하는지를 고민하고 있어. 근데 듣기로는 자네가 정의감도 있고, 세상을 분석하는 능력이 있다고 하더군. 그러니 자네가 현재 상황을 한번 연구

70년대 가택연금 당시 이희호 여사와 김대중 전 대통령

해서 대처방안을 마련해보게." 나는 따뜻한 밥도 잘 얻어먹었겠다, 뭔가 나를 알아주는 것 같아 기분이 좋아서 선뜻 수락했다. 그래서 당시 한국 사회를 움직이던 권력의 요인으로 군부, 재벌, 재야, 대학과 같은 각 분야를 진단하여 보고서를 작성했다. 그 보고서를 읽은 김대중 선생에게 연락이 왔고, 그때부터 김대중 선생의 비서로 일하게 되었다.

그러니까 그때 선생과 함께 밥을 먹은 건 일종의 면접이 아니었을까? 이 사람이 쓸 만한가 아닌가, 굴비를 얹어 주며 알아보는 면접 말이다. 그렇게 보면 보고서는 일종의 직무적성 시험지라 할 수 있겠다.

비난도 전하던 직설적인 젊은 비서

당시 나보다 앞서 오랫동안 선생을 모신 선배들은 다들 노련한 사람들이었다. 개중에는 영어가 유창하여 미국 대사관과 소통할 수 있는 이도 있었다. 이런 사람들 사이에서 나는 무슨 도움이 될까 싶을 정도였다. 하지만 선생은 자주 나의 이야기를 귀담아 들었다. 언제는 안방에서 얘기를 하고 나오자 선배들이 서운해한 적도 있다.

"석현이 너는 무슨 얘기를 하길래 들어갔다 하면 한 시간씩이나 있다 나오고 그러냐?"

짐작하기로, 그것은 균형을 지키기 위한 김대중 선생의 전략이었던 것같다. 선배들은 어려운 시국 가운데 선생과 함께 가택연금과 사찰을 겪으며 산전수전을 함께하였다. 그렇기 때문에 그만큼 선생을 각별히 여겼고, 너무나 선생을 사랑한 나머지 마음아파 하실 안 좋은 이야기는 피하고 좋은 이야기를 많이 보고했을지도 모른다. 반면 새로 온 나는 누가 선생님의 어떤 것을 반대하더라, 심지어는 비난도 하더라는 말도 꺼리지 않고 전하곤 했다. 선배들이 배추밭에서 배추를 뽑아 흙을 씻고 다듬어 요리해서 드린다면, 나는 흙만 툭툭 털고 바로 가져다 주는 식이었다. 아마도 선생은 이런 이유에서 조금 서툴러도 직설적인 젊은 비서를 찾았던 것이 아닐까?

3 장

국회부의장
이석현

1

가장 큰 후원금

나는 정치를 하면서 크고 작은 후원금을 받아 보았다. 내 재산
이 국회의원 299명 가운데 꼴찌에서 몇십 명 안에 드는 데다가 지
금의 지구당 제도에서는 세비만 가지고는 정치비용이 턱없이 부족
한 형편이기 때문이다. 지역구민의 애·경사 때 섭섭함을 느낄 만큼
적게 내는 편인데도 그런 상황이니, 법으로 보장되어 있는 후원행
사를 일 년에 한 번쯤은 열지 않을 수가 없다. 나에 대한 후원금은
뭉칫돈보다는 비교적 적은 돈을 여러 사람이 도와주는 편이다.

내가 정치를 하면서 가장 큰 후원금을 받았다고 느낀 것은 30
대 나이로 안양에서 첫 출마를 했던 1988년 봄의 일이다.

운동화 세 컬레로 뛴 선거

그 선거는 1987년 12월 대통령선거가 끝난 지 몇 달 안 되어 치른 국회의원 선거였다. 그때 내가 출마한 구역에 야당인 우리 당에서 공천을 낸 사람은 나 혼자였다. 왜냐하면 몇 달 전 대선에서 우리 당이 이 구역에서 3등을 했기 때문에, 하나 뽑는 총선에 누가 선뜻 나가려 하지 않았기 때문이었다. 더구나 내 선거구는 신설된 구역이라 지구당도 없었다. 그만큼 어려운 조건에서 뛰어야 하는 선거였다. 게다가 공천까지 늦어져서 선거를 불과 20일 쯤 남겨 놓고 사무실 자리를 물색하러 다닐 정도였다. 돈이 없어도 너무 없었다. 중앙당에서도 여기는 아예 안 될 걸로 알고 돈 지원도 안 하고 있었다. 청년 몇 명과 라면을 끓여 먹고 있는데 5~6명의 얼굴이 시커먼 사람들이 나를 불쑥 찾아왔다.

"조직이 없는 상태에서 선거를 치르느라 얼마나 고생이 많습니까? 우리가 선거를 맡아서 도와주러 왔습니다."

'맡아서' 도와주겠다는 말이 조금 신경쓰였지만, 어떻든 도와주겠다고 온 사람들이니 고맙지 않은가.

그래서 나는 얼른 "정말 고맙습니다. 이리 좀 앉으시지요." 했다.

그런데 한 사람이 의아한 표정으로 물었다.

"그런데 왜 라면을 들고 계세요? 아, 분식을 좋아하나 보군요."

"이번 선거에 돈은 얼마를 준비하셨습니까? 저희에게 모두 맡겨주시면 알아서 선거를 치르고 꼭 당선시켜 드리지요."

나는 내가 신고 있던 신발을 가리키며 말했다.

"돈은 없지만 준비는 많이 했지요. 운동화를 세 켤레나 준비했습니다. 그게 다 닳아 없어질 때까지 길바닥에서 뛰어다닐 생각입니다."

그랬더니 나보고 잘 있으란 말도 없이 모두들 슬슬 꽁무니를 뺐다.

꼬깃꼬깃 접혀 흙 묻은 할머니의 1,000원짜리 후원금

어느 날 호계시장에 선거운동을 나갔다. 장보러 나온 주민들과 일일이 악수를 하면서 나를 알리기 바빴다. 길가에 쪼그리고 앉아서 노점을 보는 분들에게 악수를 하고 있을 때였다. 얼굴에 주름살이 많은 한 노점 할머니가 봄 채소 한 무더기를 앞에 놓고 앉아 있다가 나를 보더니 힘들게 일어섰다. 그리고 내 손을 끌고는 한 쪽 구석으로 가더니, 돌아서서 나에게 말했다.

"내 손자가 대학에 다니다가 나라에 바른말을 많이 해서 제적을 맞았다. 젊은이가 꼭 내 손자를 닮았구만."

할머니는 꼭 좋은 정치를 해서 백성들을 좀 편히 살게 해 달라고 덧붙였다. 그러더니 내 손에 무엇인가를 꼭 쥐어주고는 황급히 자리로 돌아갔다.

손을 펴 보았더니 그것은 뜻밖에도 돈이었다. 흙 묻은 1,000원짜리 한 장이 꼬깃꼬깃 접힌 채 내 손바닥에 놓여 있었다.

그 순간 눈시울이 뜨거워졌다. 그리고는 마음속으로 외쳤다.

'나는 혼자가 아니구나! 이 선거는 나만의 싸움이 아니라 우리들의 싸움이구나!'

나는 몇 년 전에 후원 전시회를 한 것이 오해를 받아 한보사건 때 불려가서도, 그리고 오해가 풀려서 '무혐의' 발표가 난 날에도 할머니의 흙 묻은 1,000원짜리를 떠올렸다. 내가 받은 후원금 가운데에서 가장 컸던 그 후원금을.

2

나의 첫
국회의원 도전기

1985년, 미국 망명에서 귀국한 김대중 선생의 정책비서로 부름을 받아 일하던 중 1988년 총선을 맞게 되었다. 30대 젊은 나이였지만 국회의원이 되어 나만의 정의로운 정치를 해보고 싶었다. 당연히 내 고향인 익산에서 출마하려고 준비했는데, 남성고교와 서울대 법대 10년 선배인 이협 씨가 익산에 먼저 내려와 있었다. 그래서 당과 상의했더니 수도권인 경기도 안양에 평민당 후보로 출마하겠다는 사람이 없어 나에게 제안을 했다. 나에게 안양은 천리타향이었지만 미래를 내다보며 도전하기로 했다. 나의 첫 국회의원 도전기는 네 가지 단어로 요약된다. 경북여관, 황금다방, 랜드로바,

택시 운전사가 그것이다.

먼저, 경북여관은 안양에서 선거운동을 시작하면서 내가 머무른 숙소였다. 안양에 연고가 없었던 나는 지금으로 치면 명학역 근처에 있는 경북여관을 임시 거점으로 삼았고, 거기서 나를 도와주러 함께 내려온 청년들과 지냈다.

다음으로 황금다방은 나의 사무소였다. 동안구는 당시 신설된 선거구였기 때문에 사무실은 물론이고 아무것도 없었다. 나중에야 급하게 사무실을 얻어 선거사무소를 차릴 수 있었는데, 그 사무소가 호계동에 있는 황금다방 2층이었다.

랜드로바는 나의 정치자본이었다. 안양에 내려올 당시, 나에게는 저축한 돈 약간을 제외하곤 아무것도 없었다. 오로지 랜드로바 운동화 두 켤레가 전부였다. 만용처럼 보일 수도 있겠지만, 나로서는 그게 무엇이든지 부족한 부분은 두 발로 직접 뛰어 채워 넣으리라는 각오가 있었다.

마지막으로 택시 운전사는 내가 안양에서 처음 만난 안양시민이자 나의 가이드였다. 처음 안양에 도착한 나는 지리를 익히기 위해 택시를 한 대 잡았다. 그러고는 비산동, 관양동 등 낯선 지명 여기저기를 다녀 보았다. 운전사는 내가 땅이라도 보러 다니는 사람이라 생각했던 것 같다. '땅은 저기 관양동 산 밑이 좋다'며 친절한

조언을 건네던 그 운전사 덕분에, 나는 낯설지만 설레는 이곳 안양
에 비교적 금세 익숙해질 수 있었다.

하마터면 당선할 뻔했네

이렇게 나는 경북여관에 묵으면서 황금다방을 오가며, 랜드로
바를 신고 택시 운전사 덕분에 친숙해진 동네 이곳저곳을 함께 내
려온 청년들과 죽어라고 뛰었다. 입소문이든 뭐든 이름을 알리기
위해 미용실도 기웃거렸고, 정말이지 백방으로 다녔다. 이런 나의
열정을 느꼈는지 다행히도 안양의 청년, 주부, 아저씨들이 나를 알
아보고 도와주기 시작했다. 이들 덕분에 나의 선거 캠프는 나름대
로 구색을 갖추게 되었다.

한 달도 채 안 되는 짧은 기간 동안 준비한 선거에서, 아쉽게도
당선에는 실패하였다. 밤까지 세 후보 중 1위를 달리던 나는 최종
개표 결과 당선자의 21,000표보다 조금 모자란 19,000표를 얻고
2위에 그쳤다. 나는 공천을 받고도 낙선한 죄인의 심정으로 다음
날 아침 평화민주당 중앙당으로 돌아갔다. 그렇게 P부총재에게 떨
어졌음을 알리고 사과를 할 때였다.

"이 동지 하마터면 될 뻔했소! 밤에 우리가 이 동지 되는 줄 알
고 만세 불렀잖아."

그러면서, 이렇게 가능성이 있는 지역구였으면 선거자금을 좀 지원해 줄 걸 그랬다며 오히려 아쉬워했다. 그래도 당시 함께 뛰어준 청년들과 밥 한 그릇도 얻어먹지 않고 도와준 고향 사람들이 있었기에 나는 무사히 선거를 치를 수 있었고, 그들에 대한 감사한 기억이 늘 남아 있다.

자네, 이번에 참 잘 떨어졌네

하지만 선거에서 떨어지고 며칠 동안은 앞이 캄캄했다. 앞으로 어떻게 할 것인지 계획은 커녕 아무런 의욕도 생기지 않았다. 자포자기는 나와 거리가 먼 이야기인 줄 알았는데, 내가 바로 그 꼴이었던 것이다. 평소에 술이나 담배를 하지 않음에도 불구하고 이때만은 무언가에 기대고 싶었다. 나의 이 씁쓸함과 공허함을 달랠 길은 요원해 보였고, 늦은 방황이 시작되고 있었다.

목련꽃이 다 떨어져 가는 어느 봄날, 한 친구가 내게 이런 말을 했다.

"자네, 이번에 참 잘 떨어졌네."

실의에 빠진 내게 잘 떨어졌다니, 친구의 그 말은 나를 더욱 서운하게 했다.

하지만 친구는 이어서 말했다.

"자네가 이번에 당선되었더라면 우쭐해졌을 거야. 젊은 나이에 실패를 겪지 않은 사람이 어떻게 국민의 눈물을 닦아 줄 수 있겠나? 이번에 떨어진 경험이 자네를 더욱 크게 만들 거라네. 앞으로 4년 동안 열심히 노력해 보게, 다음번에는 꼭 될 수 있을 걸세."

친구는 따뜻한 눈빛으로 나를 바라보며 확신에 찬 목소리로 말해 주었다. 그리고 엄지를 들어 보였다. 친구의 엄지손가락이 그렇게 든든해 보이기는 그때가 처음이었다.

친구의 이 말 한 마디는 자책감에 빠져 있던 내 인생을 바꾸었다. 방황의 길목에서 헤매던 내게 나침반 구실을 한 것이다. 나는 이제껏 대충대충 흉내만 내던 일들을 새롭게 시작했다. 하늘이 무너져도 솟아날 구멍이 반드시 있을 거란 믿음으로 일했다.

국회의원으로서 첫 단추를 꿰다

이후 DJ가 칩거 생활을 끝내고 당무로 돌아왔을 때 내 선거 이야기가 크게 인정을 받았다. DJ의 비서로 있을 때는 당신의 울타리 안에서만 활동했기에 잘 몰랐는데, 사단 전투를 방불케 하는 국회의원 선거를 혼자 치러냈다는 이유에서였다. 그래서 죄인의 심정으로 돌아간 중앙당에서는 오히려 칭찬을 받았고, 나는 당의 부대변인까지 맡게 되었다.

부대변인 시절부터 약 4년간, 나는 DJ에게 큰 은혜를 입었다. 그는 아무도 모르게 나에게 다달이 돈을 보태 주었다. 당시 그가 했던 말은 아직도 기억에 남아 있다.

"지역에서 열심히 하게. 사람이라는 게, 당이 인기가 없어도 후보 개인이 노력하는 모습을 보고도 표를 찍게 마련이니까. 그러니까 하여튼 열심히 해서 안양에 터를 닦게나."

나는 그 돈으로 사무실 월세를 내고 충분히 활동할 수 있었다.

격려에 힘입어 서울과 안양의 사무실을 오가며 차곡차곡 나를 알렸고, 나중에 누나가 안양으로 이사를 오게 되어 본격적으로 터

안양 시민의 사랑을 받아첫 당선된 직후

를 잡을 수 있었다. 나는 비록 낙선했지만 다행히 지역 사람들에게 좋은 인상을 남겼다. 동네에서 일어나는 경·조사는 빠짐없이 챙겼고, 앞뒷집 허드렛일에도 잔정을 쏟았다. 형편이 딱한 노인들에게 물질적으로 도움을 못 줄 때는 인사말이라도 깍듯이 했다. 안양 도로변의 목련 꽃잎이 무수히 지고, 닳아 떨어진 구두 밑창을 네 번 갈아 끼우고 나니 노력의 결실이 나타나기 시작했다. 그리고 그 여세를 몰아 4년 뒤인 1992년에는 40,000표를 얻었고, 선거에서 압승하여 생애 처음으로 국회의원의 길을 걷게 되었다. 국회의원 선거에 다시 도전하여 마침내 당선됨으로써, 친구의 충고 한 마디와 DJ의 격려가 내게 어떤 것과도 바꿀 수 없는 보약이자 영양제였음을 깨달았다.

국회에 처음으로 입성하여 활동하면서, 나는 내가 받은 응원과 격려만큼 일을 잘 해내고 싶어 의욕을 다해 의정활동을 했다. 그중 하나로, 당시 건설위원회에서 활동했던 경험을 들 수 있다. 현대건설에서 4년간 일했던 경력을 살려 여러 가지 건설 비리를 조사하고 문제를 제기하였다. 파리 날리는 현장을 여럿 다닌 경험이 도움이 되어서일까? 내가 제시한 문제점들이 국정감사에서 중요하게 다루어졌고, 신문의 1면 톱 기사에 7번이나 실리게 되었다.

다음으로 기억나는 의정활동에는 정치개혁모임이 있다. 막상 국회에 들어가 보니 크게 뜯어고쳐야 할 일들이 속속들이 눈에 보이기 시작했다. 나는 나를 포함한 초선 의원 13명의 목소리를 한데 모았다. 그렇게 발표한 이른바 '13인의 자정선언'은 우리가 매월 수입과 지출, 후원처, 사용처 등 재정 운용에 관한 부분을 국민 앞에 투명하게 발표하겠다는 선언이자 실천이었다.

이처럼 개혁은 크고 작은 부분에서 다양하게 이루어졌다. 다음으로 눈에 들어온 문제는 화환이었다. 당시 국회의원들이 각종 경조사마다 화환을 주고받는 것이 관행이었는데, 심지어는 한 달에 근 2천만 원까지 들어간다는 이야기도 나올 정도였다. 나는 이렇게

13인의 자정선언(故 세정구, 이부영, 원혜영 등)

가랑비에 옷 젖는 줄 모르듯 돈을 쓸 일이 줄어들어야 국회의원이 쓸데없는 돈 욕심을 내지 않으리라는 생각이 들어, 화환 보내지 않기 운동을 펼쳤다. 정치개혁을 위한 이런 노력들은 당시의 권위주의에 대한 나의 거부반응에서 나왔다. 갓 국회에 들어간 나는 그 안에서 이어지던 관행들에 불만을 품었고, 이런 DNA에 따라 자연스럽게 개혁의 길로 들어섰다. 그래서 이를 구체적으로 실천할 방법을 나름대로 모색해서 실천했고, 이러한 노력을 인정받아 정치개혁시민연대에서는 나에게 최우수 국회의원상을 주었다. 이 정도면 의원으로서 첫 단추는 잘 뀄 셈이다.

3

노무현 후보와의
반나절

2002년 월드컵의 열기가 그대로 대선의 열기로 옮겨 가던 7월의 어느 날이었다. 중앙당 엘리베이터에서 내린 나는 저만치에서 노무현 후보가 걸어오는 모습을 보았다. 그런데 다가오는 그의 표정이 썩 좋지 않았다. 좌우지간 나는 그에게 웃으며 인사를 건넸고, 그는 깜짝 반가워하며 나에게 차라도 한 잔 하자고 권했다. 그런데 막상 노무현 후보의 방에 앉아서 보니, 그는 말없이 담배만 연신 피우며 한숨만 쉬는 것이었다. 당시 그는 당내 경선을 치러 일찌감치 대선 후보가 되어 있었다. 그러나 너무 일찍 후보가 되어서였을까, 막상 경선 이후에 여론지지도가 내려가기 시작했고, 급기야는 당내에서 갈등까지 생겨났다. 나는 그때 원외 지역위원장이었고, 현역들 사이에서는 그 불화가 꽤 나 심각했던 기억이 난다.

당내에 '후보단일화협의회', 줄여서 그 말도 많

노무현의 웃음

던 후단협이 만들어졌고, 이들은 무소속인 정몽준 후보와 단일화 하라며 노무현 후보에게 압력을 넣었다. 당시 정몽준 후보는 대한 민국 국가대표가 월드컵에서 4강의 기적을 이룬 직후여서 한창 인 기를 구가할 때였다. 담배 연기와 한숨만이 가득하던 방, 노무현 후 보의 옆에 앉은 사람이 일러주기를, 그는 막 기자 회견을 마치고 올 라오는 길이었다고 했다. 기자 회견에서 그는 이른바 '마이웨이(my way)'를 가겠다고 선언했다고 한다. 당에서 돕든 그렇지 않든 말이 다. 그제야 나는 노무현 후보의 얼굴에 가득한 수심의 원인을 알 수 있었다.

노무현 후보에게 던진 일침

나는 노무현 후보를 예전부터 좋아했다. 그가 했던 말들에는 확

2002년 노무현 대선후보 유세지원(위)

2016년 노무현 서거 7주기 봉하마을 방문 당시 권양숙 여사님과(아래)

고한 신념이 있었다. 그가 부산 선거에서 낙선하고 여의도에 지방분권연구소를 만들어 운영할 때에는 나의 세비에서 매월 조금씩 정기 후원도 했다. 비록 직접적으로 만나 친하게 지낸 적은 없지만, 사람이 의식이 있고 소신이 있다는 인상은 늘 남아 있었다. 그러니 노무현 후보의 그런 표정을 보는 내 마음도 좋을 수가 없었다. 그곳에 있던 사람들은 다들 내가 전직 의원 때 친하게 지내던 사이라 함께 스스럼없이 이야기를 나누었다.

대화의 분위기가 무르익자 나는 운을 떼었다.

"저, 후보님! 지금 지지도가 안 좋은데, 그래도 다 방법이 있습니다."

사람들은 눈이 휘둥그레져서 나를 바라보았다. 나는 이어서 말했다.

"두 가지를 해야 합니다. 하나는 평소에 대중들이 가지고 있던 후보님의 이미지에 조금 변화를 주시는 겁니다."

나는 삼국지 예시까지 들며 중원의 중요성을 강조했다. 안정적인 지지층 외에도 중간 어디쯤에 놓여 있는 층을 붙잡아야 한다는 것이다.

"그러니까 중원을 놓쳐선 안 됩니다. 한 쪽으로 치우쳐서는 안 된다는 말입니다."

사람들은 소위 골수좌파인 내가 이런 소리도 하나 싶은 눈으로 나를 쳐다보았다. 하지만 지지도가 떨어지는 상황이니 별 수 없었다. 나는 이어서 말했다.

"두 번째로, 미우나 고우나 당을 안고 가십시오. 당이 중요합니다. 아무리 저쪽이 여론조사 결과가 높아도, 든든한 당이 있다는 것은 국민들이 믿을 수 있는 버팀목입니다."

이야기를 듣던 사람들은 내 말에 공감하는 기색이었다. 여세를 몰아 나는 한 발짝 더 나아갔다.

"그런데, 당을 어떻게 안고 가느냐? 의원분들이든 원외 분들이든 좀 더 존중하고 자주 연락하는 것이 중요합니다. 후보님, 제가 지역위원장이지만 커피 한 잔 하자고 전화한 적도 없잖습니까?"

잠시 정적이 흘렀고, 나는 아차 싶었다. 하지만 노무현 후보는 고개를 끄덕이며 호탕하게 웃었다. 그렇게 해서 침울하게 시작한 이야기는 화기애애하게 끝났다. 시계를 보니 어느덧 점심 때였고, 우리는 당사 지하에 가서 맥주도 한 잔 부딪치며 함께 밥을 먹었다. 노무현 후보는 '내가 대통령 되면 여러분 다 잘 챙깁니다!'라며 의지를 다졌다.

시간이 흘러 9월쯤 되었을까. 스멀스멀 퍼지던 단일화 이야기는 점차 불거져, 마침내 정몽준, 노무현 두 후보 사이에 전화 여론조사로 승부를 가르기에 이르렀다. 노무현 후보 캠프에서는 이런저런 말들이 많았지만 우리는 모험을 선택했고, 그 모험은 노무현 후보의 승리로 돌아갔다. 결국 단일화에 승리한 노무현은 새로운 정치를 갈망하는 많은 중도, 진보 국민들의 압도적 지지로 대통령에 당선되었다.

지금도 노무현 대통령을 생각하면, 나는 지방분권연구소를 꾸려 나가던 그의 소신과, 혹독한 7월의 어느 날에 함께하며 수심에서 웃음으로 바뀌던 그 얼굴이 떠오른다.

4

수난,
또 수난

대학을 졸업하고 현대건설에 갓 입사할 당시 MB는 저 높은 사장이었다. 나는 일개 사원이었기 때문에 딱히 그와 마주칠 일은 없었다. 그랬던 그와 이렇게 질긴 악연으로 얽힐 줄은, 그때는 추호도 몰랐다.

MB로부터의 본격적인 수난기는 이렇게 시작한다. 시간이 흘러 나는 국회의원이 되었고, MB는 서울시장을 거쳐 대통령이 되었다. 취임 직후부터 미국산 소고기 수입 파동, 4대강 사업 등으로 많은 지탄을 받은 그의 첫 해 평가는 썩 좋지 않았다. 설상가상으로 그해에는 세계 금융 위기까지 닥쳐 한창 불안한 상황이었다. 그리고

2009년 로텐더홀에서 농성 중

그런 상황에 맞추어 크게 화제를 불러 모은 인물이 바로 미네르바였다.

　지금은 주로 페이스북, 인스타그램, 트위터와 같은 SNS 공간에서 글을 쓰지만, 10년 전인 당시는 포털사이트인 '다음' 내 '아고라' 공간이 주된 공론장이었다. 미네르바는 자신이 분석한 경제 상황에 따라 앞으로의 동향을 예측하곤 했는데, 신기하게도 예측하는 족족 들어맞았다. 그렇게 익명으로 선풍적인 인기를 끌던 중 2009년 1월 9일, 검찰은 인터넷을 통한 허위 사실 유포 혐의(전기통신 기본법 위반)로 미네르바에 대해 구속 영장을 청구했다. 이명박 정부가 외환시장에 개입한다는 내용을 문제 삼은 것이다. 사람들은 이 사건을 두고 미네르바가 억울하게 체포되었다며 목소리를 높였다. 나는 그때, 국회를 통해 중요 인사들이 명동 은행회관에 모였다는 사실, 시중의 은행들에 메일을 보냈다는 사실 등을 들어 외환시장에 정부 당국이 개입했다는 증거를 제시하였다. 정말로 정부가 개입한 거라면 허위 사실 유포는 사실이 아닌 것이다. 실제로 미네르바는 무죄로 풀려났다. 그러나 이로 인해 나는 MB 정부의 눈 밖에 나고 말았다.

MB 정부와 용산 참사

바로 다음 달인 2월에는 용산 참사가 일어났다. 용산4구역을 철거하려는 경찰 및 용역들과 이에 저항하는 세입자, 전국철거민연합회 회원들 사이의 교전 중에 6명이 사망하고 23명이 부상을 입은 끔찍한 사건이었다.

그런데 때마침 연쇄 살인사건이 발생했다. 그리고 청와대 행정관은 용산 참사를 덮기 위해 경찰 측에 해당 사건을 적극 홍보하라는 연락을 취했다. 나는 마땅히 알려지고 따져 보아야 할 문제를 감추려는 이 계략에 맞서, 한 번 더 그날 용산에서 어

떤 일이 있었는지를 폭로하
였다. 가뜩이나 미네르바
문제 이후 나를 눈엣가시
로 여기던 MB 정부는 나를
한층 더 맹렬하게 미워하기
시작했다.

2010년 용산 참사 희생자 발인식에서

MB와 떡볶이 발언

MB 정부에서의 수난이
절정에 달하게 만든 사건은
이른바 '떡볶이 발언'이었다.

그해 6월, MB는 이문동의 재래시장에 가서 떡볶이를 먹었다. 열심
히 사진도 찍어 올리고, 아기도 들어올려 보이는 등 소위 말해 본격
'코스프레'를 펼친 것이다. 당시 우리는 MB 정부에게 대기업 법인
세를 올리는 등 친서민 정책을 펼치라고 제안하고 있었는데, 하라
는 일은 안 하고 사진만 찍는 모습을 보다 못한 나는 급기야 국회
에서 MB에게 직접 말했다.

"이명박 대통령님, 떡볶이집 가지 마십시오. 손님 떨어집니다."

이런 나의 말을 잘못들은 것인지 일부러 곡해한 것인지, 일부 매체에서는 내가 'MB가 간 떡볶이집은 망한다'는 식으로 서민 저주 발언을 하였다고 기사를 실었다. 이 소식은 일파만파로 퍼졌고, 모든 신문과 방송에서는 나를 헐뜯기에 여념이 없었다. 사람들이 너무 많이 몰려와 내 홈페이지는 다운되기에 이르렀다. 해당 떡볶이집 아들은 곡해된 보도와 정체 모를 사람의 부추김에 크게 분노했다. 오해가 제대로 밝혀진 것은 SBS 뉴스를 통해서였다. 뉴스에서는 의원총회에서 나온 내 발언의 전체 내용을 공개했다. 당연히 내 말은, 서민과 거리도 먼 MB가 섣불리 서민 행보를 한답시고 떡볶이집에 갔다가는 그 집이 인기가 없어지니 공연히 가지 말라는 의미였다. 이러한 맥락이 공개되면서 내게 쏟아지던 비난은 점차 수그러들었지만, 돌이켜 생각해도 당시 심적 고통은 매우 컸다.

이렇게 MB 정부 때 나는 스스럼없이 정부의 잘못을 지적했고, 그만큼 정부의 눈총을 받았다. 하기사 매번 MB와 정부를 향해 돌직구를 던졌으니 그로서도 내가 참 싫었을 것이다.

하지만 아무리 내가 밉다고 해도, MB 정부는 해서는 안 될 일을 저지르고 말았다.

바로 사찰이다.

2009년 용산 참사 궐기대회
2월에는 용산 참사가 일어났다.
용산4구역을 철거하려는 경찰 및 용역들과 이에 저항하는 세입자,
전국철거민연합회 회원들 사이의 교전 중에 6명이 사망하고
23명이 부상을 입은 끔찍한 사건이었다.

2009년 로텐더홀에서 MB 향한 떡볶이 발언

5

내가 당한 사찰

2012년 5월 15일, C일보의 단독 기사가 하나 올라왔다.

〈야 백원우·이석현 의원도 2009년 사찰당해〉

MB 정부에서 나를 사찰했다는 것이었다. 2010년 공직자들의 비리를 감시해야 할 MB 정부 총리실이 민간인 김씨 등을 사찰했다는 의혹이 일파만파 커지고 국민 비난이 들끓자 MB 검찰이 흐지부지 축소수사로 덮은 사건이었다. 그 후 총리실 J주무관의 양심선언과 나의 청와대 대포폰 폭로로 재수사 여론이 일어났고, 검찰도 재수사를 해야만 했다. 그 결과, 민간인뿐 아니라 MB 반대에 앞장섰던 나와 백원우, 고 정두언 등 국회의원들까지 사찰했다는 진실이 세상 밖으로 나온 것이다.

구속된 총리실 총괄과장의 하드디스크에서 드러난 내용은 가관이었다. 날짜별로 정리된 파일에는 나를 비롯한 사람들을 직접 언급하면서 "따라붙어 잘라라", "날릴 수 있도록"과 같은 표현으로 대놓고 사찰을 지시한 사실이 드러나 있었다. '현재 해야 할 일 열거', '1014 해야 할 일'이라는 두 파일에서는 "이석현 관련 후원회, 동향, 지원 그룹의 실체가 드러나도록 보고하라"는 내용이 거듭해서 나왔다.

MB 정부라면 충분히 그럴 만도 하다고 생각했다. 미네르바, 용산 참사, 떡볶이, 4대강 등을 지적한 후는 어김없이 꺼림칙한 기분이 들었다. 하지만 막상 사찰 보도를 접하자 예상은 했어도 기분이 괜찮지 않았다.

MB 정부의 두 번의 사찰

MB 정부는 나를 두 차례씩이나 사찰했다. 첫 번째는 2009년 6월 '떡볶이 발언' 이후였고, 두 번째는 그해 10월 14일이었다. 떡볶이 발언은 진정한 서민의 행보를 하라는 뜻으로 MB를 저격한 표현이었다. 그 말로 사찰을 했다니, 그때 내 말이 정말 듣기 싫고 위협적이었나 보다. 두 번째 사찰은 2009년 10월 8일, 내가 공정거래위

2010년 4대강 사업 저지 선포식
4대강 사업은 많은 국민의 반대에도 불구하고
MB가 공을 들인 일생일대의 사업이었다.
나는 환경영향평가도 무시하는 이 사업의 불법적 진행과정을 지적하면서,
6대 건설회사의 짬짬이 과정을 공개했다.

불법사찰 대정부 질문

원회 국정감사에서 4대강 사업 입찰 담합을 폭로한 것이 원인이었다. 4대강 사업은 많은 국민의 반대에도 불구하고 MB가 공을 들인 일생일대의 사업이었다. 나는 환경영향평가도 무시하는 이 사업의 불법적 진행과정을 지적하면서, 6대 건설회사의 짬짬이 과정을 공개했다.

보통 정부에서 예산을 공개하고 입찰을 시작하면, 경매 끝에 최초 입찰가의 70% 정도까지 내려간 뒤 낙찰된다. 하지만 이 사업은 대부분 최초 입찰가의 90%가 넘는 액수로 낙찰되었다. 그만큼 공사 경매가 '짜고 치는 고스톱'으로 진행되었다는 것을 뜻한다.

4대강 사업을 위해 책정된 예산이 30조 원이었는데, 수조 원의 국민 세금이 낭비되어 건설회사들 배만 불려 준 것이었다. 석연찮은 점은 여기서 그치지 않았다. 4대강 사업 중에서 낙동강 수계 공사는 이상할 정도로 MB의 고교 동창들만이 맡았다. 낙동강은 경상도 전체에 걸쳐 흐르고, 그 안에는 수많은 고등학교가 있다. 그러나 8개의 공구 모두 유독 동지상고 출신 사람이 사장, 혹은 오너를 맡은 회사가 공사를 따냈다. 내가 폭로한 이 내용들은 방송에서 연일 대대적으로 다루어졌다.

내가 8일에 폭로했고 5일 만에 사찰이 시작되었으니, 퍽 빨리도 사찰을 지시했구나!

당시 내 휴대전화 감도도 뭔가 약하고, 통화를 해도 갑갑하고 잘 안 들리는 현상이 종종 있었다. 주변에 사업하는 한 친구는, 5년에 한 번 받는 세무 조사를 갑자기 받게 되었다며 무슨 일이 있는지 물어보기도 했다. 사찰 기사를 접한 뒤에야, "이석현 관련 후원회, 동향, 지원 그룹의 실체가 드러나도록 보고하라"라는 문장과 함께 그때의 기억이 퍼즐조각처럼 맞춰졌다.

사찰이 무서운 건 나와 내 주변이 감시당한다는 사실에서 그치지 않는다. 나아가 언제든 누군가에게 감시당하고 있을지도 모른다는 의심과 불안을 떨치지 못하고, 사람의 마음과 감성을 메마르게 만든다는 점이 더욱 무섭지 않을까? 사찰을 당한다고 생각하면 내

행동이 위축되고 조심스러워진다. 그래서 한동안은 친한 사람들에게 연락할 때 굳이 동전을 들고 공중전화 부스로 향하곤 했다.

나는 MB 정부로부터 사찰을 당했다는 사실을 떠올리면 아직도 몸서리가 쳐진다. 봉하마을에서 괴로워한 노무현 대통령, 군부 독재 탄압 때 고통받은 김대중 대통령, 사찰과 고문 위에 세워진 이 민주주의란 얼마나 소중한가!

MB 때 나에게 닥친 수난은 거기서 그치지 않았다. 국정원이 나를 고소했다.

6

국정원이 나를
두 번 고소하기까지

사찰에 시달리던 나는 MB 정권의 국정원에게 두 번 고소당했다. 국회의원이 한 회기 중에 국가 정보기관에 두 번이나 고소당하는 일은 헌정사상 없었던 일이다. 그런데 그 어려운 일을 내가 해냈다. 아니, MB 정권이 해냈다고 말해야 할까?

2011년 12월 17일, 북한의 김정일 국방위원장이 사망했는데, 국정원은 그 소식을 이틀 뒤에야 발표했다. 우리는 급히 국회에서 본회의를 열어 따졌다. 나는 총리에게 질의했다.

"국정원이 한 해에 1조 원이나 되는 예산을 쓰면서도, 김정일의 사망 소식을 북한 TV에서 발표한 뒤에야 알아챈다는 게 말이 됩

'집회 족쇄' 소송 제동 KBS 뉴스 화면(위)

대정부 질문 김황식 총리와(아래)

니까? 국정원이, 이틀이나 지나서야 그 사실을 알아챌 정도로 그렇게 정보가 부족합니까?"

나는 사찰은 귀신, 대북 정보는 등신이라며 국정원의 기강 해이를 질타했다. 그러면서 국정원장에 대해 제보 받은 이야기를 꺼냈다. 국정원장이 베트남에 갔다가 귀국하는 길에 가족이 좋아하는 열대과일인 두리안을 샀다가 인천국제공항 세관에게 걸려 그만 압수당했다고 한다. 내가 이 사실을 언급하자 국무총리는 국정원에 한 번 물어보겠다고 대답했다. 며칠 뒤, 명예훼손이라는 이유로 국정원장이 나를 직접 중앙지검에 고소했다.

국정원의 모 실장이 우리 보좌관에게 설명하기로, 베트남에서 두리안을 선물 받아 비행기에 싣고 왔는데, 세관이 아닌 검역실에서 자진 폐기했다고 한다. 세관에서 뺏기나 검역실에서 자진 폐기하나 그 말이 그 말이지 않은가? 좌우지간 공항을 통과하지 못해 버리고 와야 했다는 사실은 변하지 않는데 그걸 가지고 국정원장의 명예가 훼손되었다니, 웃기지도 않는 노릇이다.

두 번째 고소는 대정부 질의에서 민간인 사찰을 언급하며, 야당뿐만 아니라 여당, 심지어 박근혜 의원까지 사찰 대상이었다고 밝히면서 이루어졌다. 당시 박근혜 의원은 MB와 같은 당인데도 다른 파에 속한다는 이유로 사찰을 당한 것이다. 국정원에서는 돌연

146

명예훼손이라며 나를 또다시 고소하였다.

면책특권으로 끝난 기소 기각

검찰은 나에게 여러 번 소환장을 보냈다. 처음에 나는 이 소환장에 크게 반발했다.

"국정원장이 저를 고소했다면 그쪽을 먼저 조사하는 것이 상례 아닙니까? 그쪽 조사가 다 되면 저도 가서 조사 받겠습니다."

하지만 이런 나의 요청은 거절당했다. 모 간부가 이미 조사를 받고 갔다는 것이다.

"그렇다면 저도 변호사를 보낼 테니 그분 통해서 조사하십시오."

   그렇게 변호사가 조사를 받고 왔지만, 여전히 내가 직접 출석하라는 소환장이 날아왔다. 서면으로 답변을 보내도 소용이 없었다. 그렇게 소환장이 온 것이 여섯 번이었다.

   거듭되는 소환장만큼 나는 괴로웠고 스트레스를 크게 받았다. 카프카의 소설 《소송》 속의 주인공인 요제프 K처럼, 나도 부조리한 소송에 던져진 채로 빠져나갈 수 없는 늪에 빠진 기분이었다. 그렇게 1년 반이 지났다. 그 사이 제18대 대선이 치러졌고, 2012년 12월 9일, 박근혜 대통령이 당선되었다. 그로부터 열흘 가량 지나자 검찰에서 통지가 날아왔다. 기소가 기각되었다는 내용이었다. 또 며칠 뒤에는 나머지 한 건에 대해서도 기각이라는 통지를 받았다. 나는 어리둥절하여 기각하게 된 경위를 물어보았는데, 면책특권이라는 답변만이 돌아왔다. 기가 막혀 헛웃음이 나왔다. 고소할 당시는 면책특권이 없기라도 했다는 걸까? 국회의원은 면책특권이 있고, 나는 그때나 지금이나 국회의원인데, 대선이 끝나자 면책특권이라고?

   두 건의 고소가 기각된 후 생각하건대, 국정원은 나에게 소위 전략적 봉쇄소송을 한 것이다. 두 번의 고소는 모두 어처구니가 없는 수준으로, 딱히 허위 사실도 아니었으며 고소를 할 만한 사항도 아니었다. 변호사의 조사에도 불구하고 반복되던 소환장 역시 마찬가지다.

고소로 인해 시달리던 기간 동안, 나는 심리적으로 크게 위축되어 있었다. 이런 이유로 평소처럼 문제를 폭로하며 저격수 역할을 할 수가 없었다. 그렇게 입이 묶여 있는 동안 대선이 지나간 것이다. 박원순 서울시장의 국정원 고소 건도 입막음 목적의 전략적 봉쇄 소송이었다.

이처럼 MB 정권 내내 나는 수차례의 사찰과 국정원의 고소, 검찰의 압수 수색 등 온갖 수난을 당했다. 그 과정에서 점점 말과 행동의 자유를 잃어 가는 느낌이었다. 18대 국회를 돌이켜보면, 군부 독재와 맞선 대학 시절인 87년 민주화 시기 못지않은 탄압의 세월로 기억된다.

7

계파 없이도
국회부의장 당선

　지금까지 정치를 하면서 나는 당으로부터 이렇다 할 임명직을 맡은 기억이 없다. 다른 사람들처럼 특정 계파를 선택하여 활동하지 않은 탓이다. 어떤 계파라도 있었다면 자파 사람으로 요직을 맡거나, 하다못해 배려 차원에서라도 반대 계파 사람으로서 등용이 되었을 터였다. 그러나 이도 저도 아닌 무계파 입장을 견지하다 보니, 오직 돌아가면서 맡는 상임위원장만 한 번 맡았을 뿐이었다.

　19대 국회인 2014년, 내가 속한 민주당은 새누리당에 이어 제2당이 되었다. 국회를 꾸려 나가면서 제1당이 국회의장을 맡고 우리 당에서 국회부의장 자리를 놓고 당내 의원들끼리 경쟁을 펼쳤다.

2014년 국회부의장 당선

나는 다른 자리는 몰라도 국회부의장에 욕심을 내었다.

그때 나 말고도 의사를 밝힌 의원이 두 명 더 있었다. 이렇게 후보가 둘 이상일 때에는 1차 투표에서 1위를 한 사람의 득표수가 중요했다. 만약 과반수 이상 득표하지 못했다면 1위와 2위를 두고 2차 투표로 넘어가는 시스템이었다. 그렇지만 다행히 1차 투표에서 과반수의 득표로 부의장에 당선되었다.

하지만 나는, 오히려 이러한 이력을 선거에 활용하기로 했다. "우리 당에서 계파가 없는 사람도 있어야, 극단적인 싸움 속에서도 화합을 시키지 않겠습니까? 저는 주류도 아니고 비주류도 아닙니다. 저 같은 사람을 부의장 시켜 주면 좋을 것 같습니다."

이러한 나의 말이 효과가 있었던 것일까? 주류와 비주류를 가리지 않고 많은 의원들이 도와준 덕분에 부의장으로 당선될 수 있었다. 그렇게 후반기인 2014년 5월부터 2년간, 나는 국회부의장으로 활동했다.

하마터면

당선 후에 축하 인사를 건네는 의원이 20명 가량 되었다. 말하자면 이들이 나의 선거 운동을 도와준 이들이다. 나는 감사 인사를 겸하여 함께 점심을 나누었다. 점심을 먹다 보니, 아예 매주 수요일마다 이렇게 정기적으로 점심을 먹는 건 어떨까 하는 생각이 들었다. 일종의 친목회를 꾸리자는 생각이었는데, 뭔가 이름을 붙이면 더욱 그럴싸할 것 같았다. 그때 퍼뜩 생각난 말이 '하마터면'이었다. '하마터면'은 1988년 내가 처음 선거에 도전해서 낙선 후, 중앙당으로 돌아갔을 때 당시 부총재 가 '이 동지, 하마터면 당선될 뻔했소!'라고 했던 말에서 따온 것이다. 당선이 되면 되었지 하마터면 당선될 것은 또 무어란 말인가? 그 어감이 우스워 오래도록 생각났던 것 같다.

주류, 비주류와 같은 계파에 치우치지 않은 점을 선거 운동에

2015년 백봉신사상 수상

정의화 국회의장과 사회 교대하는 이석현 국회부의장

활용한 건 우연이 아니었다.

국회부의장이 되겠다고 결심한 데에는 정말로 화합을 이루고 싶은 마음이 크게 작용했다. 그간의 국회를 보면, 당내 주류, 비주류 간의 다툼은 물론이고 여야 간에도 극단적인 싸움이 빈번했다. 그리고 이런 극단적이고 거친 대립은 그만큼 우리를 지켜보는 국민들에게 불신을 주는 원인이 되기도 하였다.

국회부의장으로서 스마트한 정치를 꿈꾸다

국회부의장으로서 내가 바라는 정치는 스마트한 정치였다. 여야 간에 의견은 얼마든지 다를 수 있지만, 최소한 볼썽사납게 몸싸움 같은 것은 하지 않았으면 좋겠다는 의미에서였다. 상호 간에 소통하고 화합하는 정치도 필요하지 않을까? 또한 단순히 목소리를 높여 우기기보다는 합리적으로 정책 활동을 펼치는 국회가 되었으면 좋겠다는 생각이 들었다. 국회의장이야 우리 몫이 아니었지만, 적어도 부의장으로서 할 수 있는 일이 있을 테니 말이다.

이런 마음과 노력이 통했던 것일까? 국회에 출입하는 기자들이 투표하여 선정하는 백봉신사상을 두 차례 수상하게 되었다. 별다른 설명이 없으면 어디 좋은 신사복을 입어서 주는 상이냐고 물을 것이다. 질문을 받는 이상 답을 하자면, 제헌국회 때 부의장을 지낸

나용균 선생이 신사적으로 정치하자는 의미로 만든 상이다. 백봉
은 그런 나용균 선생의 호이다. 아마도 그래서 매번 '신사복 상'이
라고 오해를 받으면서도 이 상을 이야기하는 것 같다.

8

내 기억 속의 DJ

내가 젊었을 때는 리틀 디제이(Little DJ)라는 별명도 있었다. 이러한 별명이 생긴 데에는 무엇보다도 DJ와 내가 닮았다는 점이 크게 작용한다. 혹자는 외모가 비슷하다고도 하고, 혹자는 자세, 모습 등 전체적인 분위기가 비슷하다고도 한다. 다만 DJ는 키가 크고 나는 작으니 '리틀'인 것이다. 하기사 굳이 키가 아니라도 인품을 비롯한 여러 부분에서 '리틀'인지도 모르겠다. 무엇보다도 내가 DJ에게 그만큼의 영향을 받았고 존경하는 것은 사실이므로 '리틀'이든 'DJ'든 자랑스럽다.

DJ에게 배운 것 중 하나는 단연 성실함이다. 그의 수첩에는 언

2009년 DJ와 이석현 의원
그는 정말로 언행일치를 지키는 사람이었는데,
어떤 상황에서든 최선을 다하는 태도는
동교동에 연금당했을 때 특히 돋보였다.

2015년 김대중 대통령 6주기 추도식에서 눈물

6월 항쟁의 이석현. DJ, YS와 함께

제나 글자가 빼곡히 들어차 있었는데, 그 글자들 사이사이에는 또 빨간색 글자가 가득했다. 그만큼 그는 엄격한 자기 컨트롤을 지키며 살았다. 단 10분도 아껴서 썼으며, 밤 늦게까지 공부하고도 새벽에 일어나 기도하곤 했다.

DJ는 성실한 생활 가운데서도 기도를 게을리하지 않았다. 정치인이 종교를 가졌다고 하면 대부분 표심을 얻기 위한 이미지 연출이라고 생각하는 듯하다. 그러나 그는 아주 열성적인 신자였다. 간혹 DJ는 1973년 8월, 박정희 정권으로부터 도쿄에서 서울로 납치 당했을 때의 이야기를 들려주곤 했다. 그는 나무에 묶이고 마취 당한 채, 밀항하는 배에 실려 현해탄을 건너야 했다. 아니, 당시

CIA 헬리콥터가 배를 따라다니지 않았다면 그는 그대로 현해탄에 수장되었을 것이다. 그뿐이랴. 혼란스러운 군부독재 시절, DJ는 신문에 이름도 올리지 못할 정도로 탄압 받았다. 당시 신문에서 '재야인사' 혹은 '동교동 인사' 같은 표현은 어김없이 그를 지칭했다. 1985년 여름, 신군부 체제에서는 사형 선고를 받을 정도로 DJ는 뭇 권력자들의 눈엣가시였다.

어떤 상황이든 최악은 없다, 최선을 다해라!

비할 바는 아니지만 내가 정치 수난기에 산속에 칩거할 때에야 인간의 사랑을 느꼈듯, DJ 역시 고통스러운 탄압 가운데 신을 만났다. 그가 이런 이야기와 함께 들려주던 말이 아직도 기억에 남는다.

"어떤 상황에서든 최악은 없다. 그러니 최선을 다해라, 어떤 상황에서도."

DJ의 이 말은 빈말이 아니었다. 그는 정말로 언행이 일치하는 사람이었는데, 어떤 상황에서든 최선을 다하는 태도는 동교동에 연금당했을 때 특히 돋보였다. 200여 명의 경찰이 자택을 둘러싸고, 비서들이 집 밖으로 나갈 수는 있어도 들어올 수는 없는 상황이었다. 오직 사모님만이 장을 보러 출입할 수 있었는데, 그런 답답한 시기에도 그는 불안을 느끼지 않는 듯 자기 할 일을 착실히 해나

갔다.

결코 멈추지 않았던 DJ를 기억하며

나는 DJ의 이런 모습을 지켜보면서 커다란 영향을 받았다. 초등학교나 중학교에 가서 축사를 할 일이 생기면 반드시 하는 말이 있다. "인생은 새끼줄입니다. 행운의 빨간 줄과 불행의 파란 줄이 있다고 할 때, 두 줄을 꼬면 위로 빨간색과 파란색이 번갈아 나오지요? 이처럼 인생은 교차하면서 진행됩니다. 영원한 행운도 영원한 불행도 없습니다. 그러니 불행 중에 있을 때에, 좌절하거나 낙담하지 말고 잘 될 때를 위해 끊임없이 준비하고 모색하세요. 마찬가지로 행운 가운데 있을 때에도 불행을 대비하여 미리 예비하고 준비하세요."

이 이야기를 할 때면 나 스스로에게도 다짐한다. 어떤 상황에서도 멈추지 않은 DJ를 기억하면서.

2009년 노무현 대통령 장례식장에서 DJ와 악수

4장

필리버스터 스타
'힐러리' 애칭을 얻다

1

눈물의 필리버스터

2016년 2월 25일 밤 9시. 의장석에서 사회를 보던 나는 고개를 숙여 눈물을 훔칠 수밖에 없었다. 정치 생활을 하면서 언론 앞에서

강기정 의원 때 사회

운 건 두 번 정도인데, 1997년 탈당 기자회견 때와 바로 이날 이다. 첫 번째는 억울함에 펑 펑 울었고, 이 날은 가슴이 저 려 흐느꼈다. 아무도 모를 줄 알았는데 한 방송이 용케도 손수건으로 눈물 훔치는 그 짧

은 순간을 포착했다.

필리버스터 강기정 눈물

대한민국 정치 역사에 남을 필리버스터!

때는 세계 역사상 최장의 필리버스터 중이었다.

박근혜 정부의 테러방지법을 여당 출신 정의화 의장이 상임위도 거치지 않은 채 직권상정하였고, 우리 야당은 이에 반발하여 필리버스터로 저지에 들어갔다.

1964년, 당시 김대중 의원의 필리버스터 이후 50여 년 만이었다. 2월 23일 김광진 의원부터 시작하여 이틀 뒤인 25일, 7명의 발언을 거친 뒤 강기정 의원의 필리버스터가 시작되고 10여 분이 흘렀을 때였다. "정말 송구하게도 지난 국회에서 저는 두 번에 걸쳐 사법 처리를 받았습니다. 한 번은 종편 반대한다고, 한 번은 4대강 저지한다고, 마스크법 저지한다고…… 죄송합니다."

강기정 의원의 이 발언은 1970, 80년대 남산의 중앙정보부, 안기부에 끌려가 온갖 탄압을 받던 공포 시대로 역행하는 듯하다던 발언으로 이어졌다. 나는 대학 시절 끌려가 며칠 동안 맞았던 기억이 떠올라 그와 한 몸이 된 느낌이 들었다. 더군다나 당시 강 의원은 당의 전략 공천으로 사실상 공천 탈락 상태였고, 두 번의 낙선을 경험한 나는 누구보다 그 마음을 잘 알 수 있었다.

"그때는 이런 수단이 없었어요, 그래서 다수당이 밀어붙이니까 내가 싸우다가 벌금 전과가 두 번 생겼습니다."

강 의원의 말대로 2012년 국회선진화법이 시행되면서부터 필리버스터는 다시 역사 속에 등장했다. 그런 이유로 미디어악법, 4대강 등을 몸으로 막을 수밖에 없었던 시기였고, 그 선봉에 강기정 의원이 있었다.

정의의 길을 걸어온 의리의 강기정 의원

"지금 돌이켜보니까 19대 국회는 참으로 행복한 국회였습니다." 한참 억울했을 그의 입술에서 나온 '행복'이 나를 울린 결정타였다. 명함 파동 때 산에서 칩거하던 도중, 세상을 조금이나마 사랑의 눈으로 볼 수 있는 깨달음을 얻은 그때가 오버랩되며 고였던 눈물이 또르륵 떨어졌다. 나는 급히 손수건을 꺼내 눈물을 훔쳐야 했다. 그 후 두 시간 동안 이어지는 발언 내내 강 의원의 뒷모습이 세상 모든 짐을 홀로 짊어진 듯 안쓰러워 보였다. 나는 한마디 안 할 수 없었다.

"강기정 의원님, 지금 딱 2시간 하셨는데요. 몸도 좀 풀으시라고 제가 한 말씀 보탭니다."

　지친 그에게 짧은 몇 초라도 휴식의 필요해 보이기도 했다.

　"강기정 의원님이 투사 중의 투사이신데 이렇게 뒷모습을 보니
참 외로워도 보이고, 고독해도 보입니다. 마음속의 응어리 다 풀어

2005년 보건복지위원장 시절 강기정 의원과

눈물을 훔치는 이석현 부의장

내시고, 누에가 실을 풀어내듯 다 토해 내시면, 몸과 마음이 가뿐해지리라 생각합니다."

나의 발언은 여기서 그만뒀어야 했지만, 멈출 수가 없었다. 아니, 저절로 막 나왔다.

"강기정 의원님, 학창 시절부터 참 오랜 투쟁을 했지만, 국회에 들어와서도 몸을 던져가며 정의를 위한 투쟁을 많이 했습니다. 그런데, 우리 의원들이 정의로운 사람이라 불러주지 못했고, 일부 언론은 폭력하는 의원인 것처럼 말하는데, 함께하며 변호를 해주지 못해서 정말 마음 속으로 죄송하게 생각하고 지금도 무척 가슴 아프게 생각합니다."

그도 북받쳤는지, 누군가로부터 손수건을 건네 받아 눈물, 콧물을 훔쳤다.

이제 발언을 마무리해야겠다고 결심했다.

"우리 강기정 의원님, 그 순수성, 사귀어 보면 정말 어린애 같은 그런 순수성이 저는 부럽기도 하고 존경스럽기도 합니다."

그 순간, 그가 발언대에서 털썩 주저앉아 펑펑 울기 시작했다. 뒷모습만 보이는 나로서는 자세히 보지 못했지만 그 모습은 정의감과 순수함 그 자체였고, 또한 민주의 외침이기도 했다. 나도 북받치는 마음에 폭발할 것 같았지만, 애써 마무리했다.

"강기정 의원님, 용기 잃지 마시고 더 열심히 하셔서서 국민들로부터 더 인정받고, 무엇보다도 스스로 양심에 만족하는 그런 활동하기를 기대합니다. 부디 소통을 잘하셔서 서로 공감하시고, 또 공명하는 그런 세상 만드는 데 노력해 주십시오."

"강기정 의원님 마음속에 응어리진 마음을 저도 똑같이 느끼면서 아파하고 있습니다. 저도 눈물이 나오려고 합니다."

나는 발언을 마쳤고, 그는 감정을 추스르고 다시 일어나 발언을 이어갔다. 그 후 3시간을 더해 5시간 4분 동안 발언한 강 의원은 새벽 2시 경에야 단상을 내려갔다.

정의와 의리. 강기정 의원이 걸어온 길이었다. 그런 그에게서 종종 나를 본다. 그의 인생이 기대된다. 와신상담 후, 문재인 정부 정무수석으로 활약하는 그가 든든하다.

2

화장실과 권위주의

테러방지법 저지를 위한 필리버스터가 진행될수록 의장단도 지쳐갔다. 정의화 국회의장과 정갑윤 부의장은 내키지 않는 필리버스터를 3시간에 한 번씩 나와 3교대로 꼼짝없이 묶여 있어야 했으니 나보다 더 힘들었을 것이다.

나는 점점 지쳐가는 두 사람의 심기를 맞춰가며 필리버스터의 원활한 진행을 위해 노력해야만 했다. 두 분이 쓰러져 드러누워 버리면, 나 혼자 무교대 사회라는 감당키 힘든 사태가 발생할지도 모르기 때문이다. 나는 24시간 부의장실에서 쪽잠을 자며 사회를 봐야 했다. 내 차례는 물론이고 가끔 두 분의 차례 때도 잠깐 사회를 봐 달라고 양해를 구해 오면 순한 양처럼 "네" 하고 심기를 맞춰야 하는 웃픈 상황이었기 때문이다.

그래도 우리 의원들은 서서 수 시간씩 발언하는데 나야 앉기라도 하니 다행이라고 생각했지만, 진행하는 내내 나의 머릿속에는 한 단어가 떠나지 않고 맴돌았다. 바로 '화장실'이었다.

화장실 문제는 수 시간씩 발언하는 의원들은 물론 사회를 보는 나에게도 언제든 닥칠 수 있는 사람의 생리적 현상인데, 필리버스터는 잠시도 발언이 끊기면 안 되게 만든 무정한 제도라는 생각이 멈추질 않았다. 이와 관련된 과거 자료를 찾아보았지만, 세계적으로 사례가 없었다. 그래선지 꼭 대한민국 국회가 먼저 해야겠다는 사명감마저 생겼다. 나는 국회에서 권위주의를 타파하는 역사의 한 꼭지를 써 보기로 마음먹었다.

필리버스터와 화장실

이렇게 해서 방광요정이란 별명까지 생긴 나의 '잠깐 화장실 다녀오세요' 권유가 시작되었다. 이틀째 되던 날 밤 처음으로 화장실을 언급했다.

"국회라는 건 성스러운 곳도 아니고 속된 곳도 아니고 그냥 사람들이 모여 있는 곳입니다. 민의를 대변하는 곳이고, 그래서 여

서기호 의원의 필리버스터 때 '화장실에 잠시 다녀오시지요'

야 원내대표단이 그런 점을 깊이 있게 의논해서 인도적인 차원에서 합의를……"

마침 최규성 의원의 "의장님의 권한으로 화장실 갔다 오라고 하세요"라고 하는 외침도 있었다.

"선 자리서 싸라는 얘기에요?"

"생리적 현상을 막는 것은 하느님의 뜻에 어긋나는 거예요."

최 의원의 코믹한 듯 진중한 발언이 연이어졌다.

그 후 잠시 교대 시간 때 나는 내 권한으로 선례를 남겨야겠다고 결심했다. 미리 선례뿐 아니라 법률적 검토를 했는데, 가능하겠다는 결론도 나온 터였다.

"서기호 의원님, 세 시간째 수고가 많으십니다. 필요하시면 여기 본회의장에 딸린 부속화장실에 잠깐 다녀오시지요. 3분 이내로 다녀오시면 좋겠습니다."

본격적으로 권유하였지만, 서 의원은 완벽하게 준비했다고 말하며 가지 않았고, 그의 발언은 그대로 이어졌다.

나는 서 의원의 발언 도중 잠깐 휴식을 취하면서 적절한 상황을 고민하였다. 다시 돌아와 보니 다음 차례인 정청래 의원이 한창 발언 중이었다.

나는 평소 탈권위적이고 용기 있는 그라면 선례를 남기기에 안성맞춤이라고 판단했다.

"정청래 의원님, 지금 여태까지 하고 계시네. 내가 방금 교대했는데 지금 7시간 반을 했어요."

지금쯤 분명히 생리적 현상이 생겼으리라.

"화장실 갔다 오셨어요?"

"안 갔다 왔습니다."

"지금 갔다 오십시오. 부속된 화장실에 30초면 가니까 갔다 와서는 새로운 역사를 좀 만들어 주세요."

"괜찮습니다. 참겠습니다."

"아니, 정청래 의원이 갔다 오셔야 나중에 다른 사람들도 갔다 올 수 있습니다. 새로운 길을 만들어 주십시오."

재차 권유해도 그는 가지

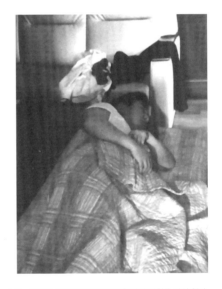

나는 24시간 부의장실에서 쪽잠을 자며 사회를 봐야 했다. 내 차례는 물론이고 가끔 두 분의 차례 때도 잠깐 사회를 봐달라고 양해를 구해 오면 순한 양처럼 '네'하고 심기를 맞춰야 하는 웃픈 상황이었기 때문이다.
쪽잠 자는 이석현 부의장

않았다. 나의 기대와 달리 사양하는 정 의원의 모습이 뜻밖이어서 나는 약간 당황했다.

"그래요. 그러면 좀 이따 불편하면 말씀하세요. 소변 안 보고 연설하나, 소변 보고 연설하나는 진실하고는 아무런 관계가 없는 껍데기입니다."

"역시 훌륭하신 이석현 부의장님이십니다."

정청래 의원의 발언으로 그와의 실랑이 같은 권유는 마무리되었다. 이후 여섯 의원의 필리버스터가 이어졌고 육체적으로도 굉장히 힘들어졌다.

26번째 최원식 의원의 필리버스터 때에 이르자, 아무래도 의원들이 규칙과 선례가 없어 부담스러워하니 꼭 시행규칙이라도 만들어야겠다는 생각이 들었다.

"의원들은 지금 엄청난 고통과 스트레스 속에서 발언하고 계십니다. 심리적인 위축과 또 육체적인 구속 이 두 가지를 다 겪어야 하기 때문에 지금 나와서 발언하시는 분들, 독립운동하는 것처럼 힘이 듭니다."

필리버스터 기념행사에서 정청래 의원과

심리적인 위축은 몇몇 새

정의화 국회의장과 필리버스터 사회 교대

누리당 의원들의 태클이었고, 육체적 구속은 5시간, 10시간 동안 서 있어야 하는 고통과 화장실 문제였다.

"필리버스터를 2012년 국회법에 집어넣기는 했는데 시행규칙을 안 만들었어요. 여야 원내대표단이 운영위를 열어서 시행규칙을 제정해야 합니다."

권위주의의 벽을 무너뜨린 안민석 의원의 화장실 행

이렇게 마무리될 뻔한 나의 화장실 역사는 뜻밖에도 홍익표, 전정희 다음 순서로 나온 안민석 의원이 만들어 주었다.

"의장님께 한 가지 부탁 말씀드리겠습니다. 제가 감기가 들어 목이 말라서 다른 의원님들에 비해 물을 많이 마시고 있는데 지금 생리 현상이 급합니다. 그래서 3분을 좀 부탁드리고 화장실을 허락해 주시면 감사하겠습니다."

그 순간 안민석 의원이 천사같아 보였다. 견고한 권위주의의 벽을 무너뜨릴 숨통이 조금이나마 트인 것이다.

"예, 30초면 가니까 이용하고 바로 오시지요."

나는 그가 다녀오는 1분 동안 필리버스터가 끊기지 않도록 발언을 이어갔다.

필리버스터 도중 화장실 가는 안민석 의원

"사람이 제일 소중합니다. 사람을 괴롭히는 관행은 깨뜨려야 합니다. 깨뜨리면 그것으로 또 새로운 관행이 시작됩니다. 어려워도 새로운 길을 내면 그 새길로 다니게 됩니다. 국회의 권위라고 하는 것은 비인도적으로 억제하는 꾸밈에서 나오는 것이 아니고 사람을 존중하는 진정성에서 참 권위가 나온다고 생각합니다."

나는 화장실 권유라는 작고도 큰 실천으로 권위주의를 깨고 싶었다. 노무현 대통령이 평생에 걸쳐 맞서 싸운 그 권위주의 말이다.

"화장실 가느냐, 못 가느냐 가지고 아직 통일된 의견은 없고 국회법 102조에 그 부분에 대한 명시가 안 되어 있습니다. 하지만 나름대로 해석할 때, 인간의 자유를 속박하는 그런 결정을 할 때는 아주 신중하게 해야 된다고 생각합니다. 또 가급적이면 사람을 육체적으로도 편안하게 해주는 쪽으로 법을 해석하는 게 맞다고 생각합니다. 그래서 화장실에 빨리 다녀오시라고 그랬습니다. 우리 국민들이 잘 이해해 주시리라고 생각합니다. 이런 진행이 못마땅하신 분이 있어도, 인간주의라는 입장에서 폭넓게 양해해 주시면 고맙겠습니다."

이 말을 끝으로 나는 발언을 마쳤다. "잘했어요!"라던 일부 의원들의 외침과 함께 나의 화장실 역사가 만들어지는 순간이었다. 화장실에 간 안민석 의원은 무사히 1분 내로 돌아와 발언을 이어갔고, 그는 헌정 사상 최초로 발언 중에 화장실 다녀온 사람이라는 기록을 남겼다.

나중에 나는, 정청래 의원에게 그때 왜 화장실에 가지 않았는지 물어보았다. 그는 뜻밖에도 오히려 나를 배려해서 안 갔다고 대답했다. "종편의 타겟이었던 제가 그때 갔다면 부의장님하고 나하고 둘 사진 놓고 보수 언론이 온종일 화장실 보내고 갔다 왔다며 대서특필하고 욕을 했을 겁니다. 내가 그래서 참았습니다."

이석현과 '힐링정치'

정치도 결국 사랑입니다!
사람을 소중히 여기는 필리버스터 힐러 리(Healer Lee)가
사랑과 배려로 여러분의 마음을 힐링해 드리겠습니다

"

저는 지난 9일 동안 필리버스터를 진행하면서 정말 행복했습니다.
몸은 다소 힘들어도 국민과의 소통으로 형언할 수 없는 감동이 가슴 속을 꽉 채우고 있습니다.

애초에 필리버스터의 시작은 지연전술이었습니다.

그러나 테러방지법을 비켜서 오솔길로 가다 보니까 뜻밖에 거기서 국민을 만났습니다.
그리고 국민은 정치를 미워하는 줄만 알았는데, 정치와의 소통에 목말라 있었습니다.

이번 이 필리버스터가 국민들께서 국회에 대한 노여움을 씻어 내시고
정치 무관심의 빗장을 푸는 소중한 계기가 되기를 바랍니다.

저희 여야가 모두 국민의 기대에 부응하기 위해서 힘쓰겠습니다.

– 이석현 부의장 필리버스터 마지막 사회 감동발언(2016. 3. 2)

"

3

힐러에서 탱커로

"경고 했어요! 퇴장시키기 전에 빨리 가 앉아요. 국회의장을 어떻게 알고 있는 거야, 의사진행권을!"

나의 1차 폭발이었다.

"꼭 퇴장시켜야 알겠어요? 경위 불러서! 이 양반이 말이지!"

이것이 2차 폭발이었다.

나의 이 모습은 TV에서 퍽 성깔 있는 의장인 것처럼 보도되었지만 인터넷에서의 반응은 가히 폭발적이었다. '힐러인 줄 알았는데 탱커이기도 하다', '힐러리 대폭발했다' 등 시원 통쾌하다는 반응이 압도적이었다. TV 보도를 보면서 '아! 내가 흥분을 참았어야

했는데' 하던 걱정도 인터넷, SNS 누리꾼들의 응원 덕분에 금세 사라졌다. 공개석상에서 이토록 거칠게 화낸 적이 또 있었던가. 이 사건의 전말을 다시금 돌이켜 본다.

국회부의장에서 탱커로

2월 6일, 새벽 2시부터 김경협 의원의 필리버스터가 시작되었고, 그의 발언이 두 시간을 넘어갈 무렵이었다. 유신 독재정권의 중앙정보부가 간첩 조작, 고문, 납치, 인권유린 등 무소불위의 권력을 휘둘렀다는 그의 발언이 집중되자 의석에 앉아 있던 새누리당 K의원으로부터 의제를 벗어나고 있다는 항의가 나왔다. 나는 그 의견을 듣고는, 국회법 102조를 확대 해석해야 한다는 점과 1964년 김대중, 김준연 의원의 필리버스터 때도 그런 선례가 있었다는 사실을 들어 상세하게 설명했다. 그러자 K의원은 나에게 편파적인 운영이라며 항의했고, 나는 사안을 확실하게 매듭지어야겠다는 생각이 들어 말했다.

"의장은 어느 쪽으로 치우치지 않고, 매우 공정하게 의사 진행을 하고 있고 또 이것이 내 소신입니다. 새누리당 K의원께서는 관련 법령과 과거 선례를 좀 더 공부해 보시기 바랍니다."

이렇게 일단락될 듯해 보이던 때, K의원의 바통을 J의원이 이어받았다. 두 의원 모두 새누리당에서 강성발언으로 유명한 분들이었다. 김경협 의원의 발언이 이어지는 도중에 돌연 J의원이 의장석 앞의 단상으로 걸어와 "지금 부의장님, 그런 식으로 운영하면 안 됩니다" 하고 나에게 똑같은 항의를 반복하였다. 계속해서 발언 도중에 끼어들며 방해를 하자 슬슬 짜증이 올라

사무실의 액자(이석현의 좌우명)

오기 시작했다. 그는 나에게 "김경협 의원의 표현이 너무 과하다고 생각 안 하십니까?" 하고 물었다. 나는 잘 경청해 달라고 정중하게 대답했지만, 그는 의석으로 돌아가지 않았다. 오히려 자기가 원내 수석부대표로서 말씀드리는 거라며 엄포성 항의까지 놓았다. 나는 또 한 번 화가 올라왔지만 가라앉히고 역시 정중히 대답했다.

"우리 J의원님, 상황 인식에 있어 여와 야의 차이가 충분히 있을 수 있습니다. 우리가 서로 다름을 인정해야 대화를 할 수가 있는 것입니다. 생각이 똑같을 수가 없습니다. '아! 저렇게 생각하는 분도 있구나', 이렇게 이해를 해 주세요."

그의 끈질긴 항의는 수차례 더 반복됐고 곧 나를 흥분케 한 첫 번째 펀치가 날아왔다.

"전혀 아닌 사실을, 부의장님이 이런 식으로 운영하면 안 됩니다."

나는 정확히 따져 물었다.

"어떤 것이 전혀 아닌 사실입니까? 뭐가 전혀 아니냐고요? 김경협 의원 발언 중 구체적으로 말을 하세요!"

그는 '그게 그렇지 않다'는 말만을 반복했다.

"모든 국민의 생각이 우리 J의원하고 똑같은 게 아니다, 이 말이에요!"

2차 펀치가 날아왔다. 이번엔 그의 표정이 문제였다. 방해가 많이 된다고 들어가라고 말하고 있는 나에게 찌릿하는 눈빛을 보내며, 경고성이란 듯이 내뱉는 것이었다.

"저도 분명히 말씀드렸습니다!"

도저히 참을 수 없었다. 권위주의적인 그의 표정과 발언은 나를 한층 더 날카롭게 만들었다.

"국회법 145조! 퇴장하라고 할 수 있어요. 깊이 생각하세요. 경고했습니다. 방금 경고했어요!"

그렇게 정리가 되어가는 듯했다. 하지만 파국은 언제나 마지막 한 수로 완성된다. 눈치 없는 J의원의 3차 공격이 그 한 수였다.

"다시 한 번 요청드립니다!"

나도 모르게 대폭발이 일어났다.

"다시 한 번 말해요! 나도 지금! 빨리 들어가 앉으세요! 꼭 퇴장시켜야 알겠어요? 경위 불러서! 이 양반이 말이지!"

상황이 이렇게 되자 의석에 앉은 의원들도 빨리 들어가라며 외치고 있었다. 나는 상황을 정리하는 설명으로 넘어갔다.

"충분히 듣고 있는데 한도 없이 얘기를 하잖아요. 지금 의사 진행하고 김경협 의원이 발언권 얻어서 발언하고 있습니다. 여러분!"

J의원은 드디어 기세가 꺾여 의석으로 돌아가면서도 연신 중얼

거렸다. "사실이 아닌 내용을……."

나는 J의원이 중얼대던 그 말마저 꼭 집어 쏘아붙였다.

"사실이 뭐가 아닙니까! 김 의원님 빨리 발언하세요. 내가 의장직을 걸고 얘기합니다. 의장의 의사진행권을 방해하지 마세요! 참을 수 없습니다. 그것은!"

이렇게 활화산 같던 나의 폭발은 끝났고 J의원은 그 길로 의석으로 돌아갔다. 묵묵히 국회법 법전을 들춰 보더니, 그 뒤로는 조용했다. 나는 내가 그때 너무 흥분했던 것을 반성하지만 후회는 없다. 하늘이 무너져도 정의는 세워야 한다는 나의 모토가 있었기 때문이다. 지금도 당시 화를 내던 내 모습은 오마이 TV 등 각종 동영상 사이트에 올라와 있고, 조회수 합이 수백만 뷰로 가끔 회자되기도 한다.

4

내가 결혼하지 않은 이유

초선 때 텔레비전 토크쇼에 나가면 사회자가 꼭 묻는 말이 있었다.

"왜 아직 결혼을 안 했습니까?"

그러면 나는 이렇게 말하곤 했다.

"민주화 운동한다고 나서다 보니 딸 주겠다는 사람이 없어서요."

이 말은 정확한 대답은 아니지만 그렇다고 틀린 말도 아니다. 대학 시절은 말할 것도 없고 졸업 후 민주연합청년동지회 일을 하던 1980년대 초나 민주화추진협의회에서 일하던 1984년 이후에도 군사독재가 얼마나 심한 시절이었던가.

신군부가 등장한 뒤 개헌하자고 하면 잡아가고, 민주화하자고 해도 군대 보내고, 술 한 잔 먹고 정부 욕 한 번 하다가 끌려가서 얻어맞은 사람들이 어디 하나둘이었나.

야당도 해산되고 언론도 바른 말을 못하던 시절이었는데, 어느 부모가 나를 사위로 삼으려 했겠는가.

그런데도 내가 굳이 정확한 대답은 아니라고 하는 것은 남자가 결혼하는 것이 어디 꼭 장인 장모 될 사람이 서둘러야만 되는 일이던가. 서두르기는커녕 가로막아도 저희들끼리 눈맞아서 살림 차리는 청춘 남녀가 하나둘이 아닌 판에, 나라고 노력만 했으면 여자 한 사람 못 만났겠는가.

그 시절 내 친구 가운데에는 사랑하는 여성을 만나, 독재보다 더 심한 장인 반대를 설득해서 옥중결혼에 성공한 친구도 있었다.

그런데도 그때 결혼을 못했던 것은 나의 완벽주의 탓이 아니었을까 생각한다. 나는 그때도 여성한테는 정말 잘해야 한다는 생각을 가지고 있었다. 특히 결혼하면 남편은 반드시 아내를 행복하게 해주어야 하고 그런 점에서 조금이라도 부족함이 있다면 최악이라는 생각을 가지고 있었다.

나아가 여성의 완벽한 행복을 보장해 줄 수 없는 남성은 결혼할 자격이 없다고까지 여기고 있었다. 그런데 그때 내 처지는 그럴

수 있는 형편이 결코 아니었다.

언제 무슨 일로 잡혀갈지 모르는 형편인 데다, 직장을 그만 둔 민추협 때부터 국회의원이 될 때까지는 안정적인 경제능력이 없었다. 졸업 뒤 한동안은 직장에 다니면서 민주화 운동에 참여했지만 민추협 때부터는 아예 직장을 그만두고 본격적으로 뛰어들었다. 그래서 그 무렵 자장면이나 라면으로 끼니를 때우고 어느 날인가는 버스 탈 돈이 없어 청량리에서 광화문까지 걸어간 적도 있었다.

처지가 이러니 결혼을 했다가는 잘하면 아내 밥 굶기고 잘못되면 옥바라지나 시켜야 할 노릇이었던 것이다.

더러는 커피 한 잔 하자는 여성들도 없지는 않았다. 몇 번 만나면서 호감이 가고 정이 들려고 하면, 나는 내 감정이 사랑으로 발전하기 전에 서둘러 만남을 끝내곤 했다. 만약 사랑하게 되면 결혼이 하고 싶어질 테고, 그것은 곧 남을 힘들게 하는 것을 뜻하기 때문에 …….

그러나 결혼을 못한 가장 큰 이유는 서로 좋아하는 여성과 헤어져야 했던 아픔경험 때문일지도 모른다. 직장 다닐 때 사귀던 착한 여성 한 분이 있었는데 위험한 민추협에 뛰어 들면서 그 여성을 너무나 사랑한 나머지 가슴 아픈 이별을 했다. 나의 미래가 불투명해서 그 여성을 설득한 것이다. 그는 울면서 하기 싫은 헤어짐을 해야만 했다.

주변의 소개

　1987년 6월항쟁 뒤 시국이 달라지기 시작했고 내가 팔자에도 없는 국회의원에 출마하는 상황까지 되었다. 한 번 떨어지고 나니 오기가 생겼다. 어떻게 해서든 꼭 국회의원이 되어야겠다는 생각이 들었다. 그래서 정당생활과 지역관리에 최선을 다했다. 결혼도 국회의원이 되면 생각해 보기로 마음먹었다.

　그러다가 1992년에 정말 국회의원이 되었다

　이 무렵 선배나 친구들이 더러 여성을 소개해 주기도 했는데 이때는 여성보다 의정활동에 더 관심이 있었다. 지금 생각해 보면 괜찮은 여성들이 많이 있었는데 마음의 문이 열려 있지 않았던 것 같다. 뛰어난 국회의원으로 세상 사람들의 인정을 받고 싶은 의지뿐이었다. 열심히 노력한 결과 국정감사를 가장 잘하는 베스트 의원으로 뽑히기도 했고 깨끗한 정치를 위해 젊은 의원들과 자정선언을 한 것도 이 무렵이었다.

　언젠가 맞선을 본 적도 있었는데 퍽 어색하고 따분했다. 앉아 있는 시간도 그랬지만 그 뒤가 더 문제였다. 사람이란 한두 번 만나서는 상대방을 잘 알기 어렵고 금방 친해지지 않는다. 그런데 상대방 부모나 중매를 선 사람은 맞선을 보자마자 결과를 알고 싶어한다. 예스나 노를 명쾌하게 알려줘야 하는데 확신이 없으면 예스를 하기가 어렵다. 괜찮은 것 같아서 일단 사귀어 보면 좋겠다고 생각되는 경우라도 만나 보겠다고 말하면 예스의 뜻으로 알기 때문에 그런 말 하기가 어려웠다.

그래서 나는 분수에 넘친다는 뜻으로 "저한테 너무 과람(過濫)해서요……"라고 했다. 그 바람에 나는 눈이 높다고 헛소문이 났다. 한 선배는 나를 보면 싱글싱글 웃으면서 "과람 씨, 잘 지냈나?" 하고 놀려대곤 했다.

공개구혼의 참화

맞선의 불편함을 알고 나서 일절 맞선을 보지 않았다. 한번은 방송에 출연했다가 재미있는 일이 있었다. 인기 토크쇼에 손님으로 초청을 받는데 사회자가 어떤 여성하고 결혼하기를 원하느냐고 묻더니 공개구혼을 시켰다. 녹화가 끝난 뒤 방송사는 당시 이만섭 국회의장에게 추천의 말까지 부탁해서 함께 방영했다. 나는 "마음 착한 여성으로 된장찌개를 잘 끓이고, 주말이면 음악회에 가자고 하는 여성이 좋습니다"라고 했다. 이 의장은 내 칭찬을 한참 하던 끝에 "물건은 틀림없습니다"라고 덧붙였다.

이 프로를 본 사람들이 폭소를 터뜨린 것은 물론이다. 젊은 동료 의원들이 나에게 농담을 했다. 이 의원은 '물건'이 얼마나 좋길래 국회의장이 보증을 다 섰냐고……. 그 바람에 한동안 나는 물건소동에 휩싸였다. 어쨌든 방송의 위력은 대단했다. 방송이 나가자마자 신

붓감을 소개하겠다는 전화가 수없이 걸려왔다. 비서들이 온종일 전화통에 매달려 내용을 메모하느라 분주했다.

이런 사정은 안양 지구당 사무실도 마찬가지였다. 방송국과 국회의장실로도 좋은 신붓감이 있다는 전화가 줄잡아 300~400통 걸려왔는데 방송국은 나이별, 직업별 등으로 분류해서 그래프를 그려 다음 주에 다시 방송까지 했다. 내용도 가지가지였다.

"우리 회사에 멋있는 노처녀가 있는데 어떻습니까?"

"내 딸이 아주 참한데 만나만 보십시오."

"나는 목사인데 우리 교회에 진짜배기 처녀가 있소."

용기 있는 여성들은 내가 자신의 이상형이라며 직접 전화를 걸기도 했다. 나이도 22세부터 43세까지 골고루 있었다. 그런데 전화가 많이 오니 그것도 참 문제였다. 하루에 한 명씩 만난다 해도 꼬박 일 년을 만나야 다 만날 수 있는 숫자가 아닌가. 마치 배가 고팠다가도 한 섬 밥을 해서 솥째 갖다 놓으면 먹을 엄두를 못 내는 거나 마찬가지 이치다. 숫자도 숫자지만 소개하겠다는 분들을 내가 알지 못하므로 그분들의 말을 어디까지 믿어야 될지 몰랐다. 또 어떤 전화는 농담 같기도 하고 진담 같기도 해서 종잡을 수가 없었다. 나는 며칠 고민 끝에 전화를 주신 분들에게 '관심을 가져 주셔서 감사합니다'라는 취지로 답례 전화를 걸기로 마음먹었다. 그런데 며칠 틈틈이 전화를 걸다 보니 그것도 문제가 있었다. 전화 건 사람이 자리에 없을 때 다른 사람에게 메모를 남기면 프라이버시 문제가 있었고, 회신이 와도 내가 늘 자리에 있는 게 아니었기 때문에 서로 전화가 빗나가기 일쑤였다.

무엇보다도 곤란한 것은 상대방이 전화 인사만으로는 납득을 안 하는 경우였다. 통화가 이루어져서 감사 인사를 하면, 꼭 만나자고 서두르는 사람들도 많았다. 그래서 며칠 동안 전화하다가 그만두고 말았다.

이제는 한 여성을 행복하게 해줄 자신이 있다고 생각하면서도,

아직 사랑하는 사람이 없는 것은 무엇보다도 나 스스로에게 문제가 있었다고 본다.

의원이 된 뒤로 여성을 볼 때 한 표로 보이거나 그냥 지지자로 보였지, 이성이라는 생각을 별로 안 하게 되었던 것이다. 선거를 몇 번 치르다 보니 못된 버릇이 들어서 여성을 보면 내가 꽤나 잘난 사람이라는 것을 인식시켜 주기 위해서 내 지역 구민이 아닌 사람에게까지도 무의식적으로 나를 과시하려는 경향이 있었던 것이다.

사람이란 어떤 의도를 가지고 상대방을 대하면 마음의 문이 활짝 열리지 않는다. 그러므로 상대방한테서 인정을 받을지는 몰라도 상대방과 가까워지기는 어려운 일이다.

나는 이런 사실을 최근에 깨달았다. 어려운 일을 당하고 산에 와서 지나온 삶을 곰곰이 돌이켜보니 이런 이치를 깨닫게 되었다. 지금 내가 사랑하는 여성이 없는 것은 그 동안 여성을 향해 마음의 문을 닫고 살았기 때문이다.

올해 산에 와서 내가 얻은 큰 소득은 오랜만에 나의 마음이 열렸다는 것이다.

5

반려견 해피

2년 전 안양 시내의 한 애견 센터에서 자그마한 말티즈 강아지 한 마리를 만났다. 녀석은 수줍음을 많이 탔고 구석에 가만히 처박혀 있는 모습이 무척 외로워 보였다. 그래서 앞으로 늘 행복하라는 뜻으로 '해피'란 이름을 지어 주고 녀석을 집으로 데려왔다.

누구나 경험으로 알고 있겠지만, 반짝반짝 빛나는 강아지의 눈동자를 보고 있으면 '애 기르는 정성'으로 녀석의 목욕도 시켜 주고 맛있는 것만 챙겨 주고 싶게 된다. 꼭 사료만 먹여야 병에 안 걸린다는 애견 센터 주인 아저씨의 말도, 식탁 위까지 뛰어올라 입

맛을 다시며 처연한 눈으로 쳐다보는 녀석을 바라보면 여지없이 무너지고 만다. 그래서 동물병원도 여러 번 다녀야 했다. 그런데 해피를 키우며 동물병원에 들락거리는 것보다 정작 더 큰 문제가 있었다. 새벽부터 밤늦게까지 바깥일로 바쁜 내가 녀석과 함께할 시간이 줄어들자 해피 건사는 어머니 몫이 되었다. 지금은 돌아가셨지만 당시에 연로하신 노모가 녀석의 치다꺼리하기가 여간 번거롭지 않았던 것이다. 결국 해피를 평소 귀여워하며 눈독들이던 누나의 조카 정환이와 계환이에게 맡겨야만 했다.

그 뒤 해피는 내가 누나 집에 가면 문도 열기 전부터 반갑다며 꼬리를 흔들고 빙빙 제자리를 돌며 반가움을 표시했다. 그래서 우리는 "웬만한 사람보다 낫다"며 녀석의 재롱에 기뻐했다. 그러던 어느 날 정환이와 계환이가 흥미로운 제안 한 가지를 내놓았다. 해피를 중간에 세워놓고 조카들과 내가 양 귀퉁이에 서서 해피를 불렀을 때 해피가 어느 쪽으로 가는지 내기를 하자는 것이었다.

물론 녀석들은 자기들이 이긴다고 자신만만했다. 나 또한 해피를 믿고 있었기 때문에 내기에 순순히 응했다. 사실 난 녀석들의 당돌한 내기에 놀라기도 했지만 속으로는 쾌재를 부르고 있었다.

'이것만큼은 내가 이겼다. 해피야, 너만 믿는다!'

해피를 거실 중간에 세워 놓고 조카들과 나는 서로 반대편 모서리에 서서 해피를 부르기 시작했다. 줄다리기라도 하듯 고함이 오갔다.

"해피야, 이쪽!"

"아니야, 여기야! 여기!"

그런데 게임은 싱겁게 끝나고 말았다. 해피는 초롱한 눈길을 내게 한 번 던지고는 정환이와 계환이에게 고개를 숙이고 걸어가고 말았다. 녀석은 한 번 주인은 영원한 주인이라는 평범한 진리를 잊은 모양이었다. 더구나 조카들의 바지에 매달려 혀를 내밀며 꼬리치고 있는 해피를 보니 묘한 배신감을 느끼기도 했다.

해피 때문에 망연자실한 내 앞에서 의기양양한 조카 녀석들!

녀석들은 특유의 장난 어린 웃음을 지으며 주머니에서 뭔가를 꺼내 해피에게 주고 있었다. 아, 그것은 갓 구워낸 냄새가 모락모락 피어나는 오징어가 아닌가!

해피는 조카 녀석들의 주머니 속에 숨겨진 오징어 냄새를 맡고서 바지에 그토록 매달렸던 것이다. 해피는 우리와 15년을 살고 세상을 떠났다. 가족을 잃은 것처럼 슬픔이 컸다. 화단에 묻어 주고 오랫동안 잊지 못했다. 특히 누나는 이때의 충격으로 이제 개를 기르지 못한다고 했다. 그래서 한동안 기르지 않았는데 세상일이 어찌 뜻대로만 되는가!

어느 날 안양의 내 사무실에 누군가가 어린 강아지를 놓고 가 버렸다. 그러고는 자기는 형편이 안 되니 잘 길러 보라고 전화가 왔다. 강아지가 너무 귀엽고 과거에 기르던 해피를 많이 닮았다. 이제 막 젖을 뗀 듯했다. 내가 잘 때 옆에 와서 내 새끼 손가락을 젖 인 줄 아는 듯 빨았다. 때로는 날카로운 이에 긁히기도 했다.

키우던 해피의 이름을 이어받아 해피라고 이름을 지었다. 집에서 기르는 동안 정이 많이 들었는데, 내가 계단을 올라오는 발소리만 듣고도 집안에서 몸으로 현관문을 밀치면서 반갑게 짖어 댔다. 오늘도 빨리 가서 그 촉촉한 눈동자와 눈맞춤을 해야겠다.

6

젊은이가
행복한 거리로

인사동 거리를 걸으면 마음이 차분해진다. 갤러리에 전시된 그림을 구경하는 맛도 즐겁고, 조용하고 분위기 있는 찻집에 들어가 잠시 생각에 잠겨 보는 것도 괜찮다.

특히 인사동의 찻집과 음식점 이름은 너무나 시적이다.

오! 자네 왔는가, 바람 불어 좋은 날, 연기에 달 그스를라, 선녀와 나무꾼, 우천, 왕과 시, 차마당, 지대방······.

아마 이곳에 화가나 문인, 조각가, 서예가 등 예술인이 자주 들르기 때문일 것이다. 천상병 시인의 부인이 운영하는 '귀천(歸天)'도 이 길목에 있다.

인사동에 들어서면 조각전, 동양화전, 서양화전, 고미술전 등을 알리는 현수막이 가장 먼저 눈에 띈다. 각종 전시화와 행사를 알리는 현수막으로 하늘이 안 보일 만큼 이곳은 우리 나라를 대표하는 문화의 거리다.

이곳에선 옛날 부채와 죽부인, 엽전과 우표를 만날 수도 있고, 포스트 모더니즘 계열의 서양화도 만날 수 있다. 그러나 인사동의 멋은 여기에서 그치지 않는다. 안국동에서 종로 방향으로 일방통행인 인사동 거리는 일요일이면 차량 출입이 제한된다. 대신 직접 만든 목걸이, 귀고리 등을 좌판에 내놓고 파는 사람과 직접 흙으로

빚은 꽃병을 내다파는 사람들이 도로를 차지한다. 지나가는 어린이나 연인을 의자에 앉혀 놓고 초상화를 그려 주는 구레나룻 수염의 화가도 있다. 붓 하나 없이 손가락에 염료를 묻혀 멋진 새와 글씨 모양을 그리는 실력파도 있다.

조금 걷다 보면 막걸리 두세 병을 갖다 놓고 거리에 앉아서 두런두런 자신의 이야기를 들려주는 사람도 있다. 사람들이 모여들면 구성진 노래를 부르며 분위기를 돋우기도 한다. 그런 다음 모여든 사람에게도 제각각 노래나 춤을 자연스럽게 유도해낸다. 한 마디로 공연장과 관객이 따로 없이 즉석에서 장기자랑을 하고 술도 마시며 어울리는 것이다. 이런 괴짜 연기를 하는 사람들에겐 늘 사람들이 많이 모여든다. 뭘 보여줄까 하는 기대감과 술을 한 잔 얻어 마실 수 있다는 생각에 가던 걸음을 멈추는 사람이 많다.

인사동이 정적이라면 대학로는 동적

대학로에 들어서면 젊음을 느낄 수 있다. 어디를 가나 기타를 둘러멘 젊은이들이 삼삼오오 모여 앉아 노래를 부르고 있고, 텅빈 공연장에서는 자신이 개발한 춤을 추거나 사방을 돌아다니며 시선을 붙잡아 두는 진짜 배우들도 있다. 가스펠을 부르는 어느 교회의 합창단원도 빠지지 않는 단골이고, 공원 이곳 저곳에서 배드

200

민턴을 치는 가족들도 눈에 띈다.

무엇보다 대학로의 특성은 소극장 문화에 있다. 소극장에는 연기력 하나만으로 승부를 거는 젊은 배우들이 많다. 그들의 상당수는 처음에는 연극의 안내 전단을 돌리는 일부터 시작해 주인공으로까지 성장하게 된다. 그렇다고 이들이 당장 텔레비전이나 매스컴에 오르내리는 스타가 되는 것은 아니다. 하지만 그들은 이런 것에는 개의치 않고 자신의 연기에 만족할 때까지 밤을 새워 연습하고 쓴 소주 한 잔으로 젊음의 허기를 달래곤 한다.

동숭동에는 가난한 예술가, 예술을 위해 노력하는 끼 있는 친구들이 다 모여 있는 듯하다. 나는 이런 분위기가 좋아서 한가한 밤이면 청바지 차림으로 동숭동에 나가 젊음의 열기 속에 휩싸여

보기도 한다. 문예회관 뒤편에는 '천년 동안도'라는 재즈 카페가 있는데, 나는 생생한 재즈 음악을 듣기 위해 가끔 들른다. 음악 얘기가 나오니 생각나는 일이 있다.

언젠가 런던에 갔을 때 일이다. 길거리에서 대학생인 듯한 젊은이 두 명이 연주하는 광경을 보게 되었다. 영국 거리에서는 '거리의 악사'들을 심심찮게 볼 수 있다.

두 젊은이는 기타로 〈알함브라 궁전의 추억〉을 연주하고 있었다. 모여든 사람들과 함께 넋을 잃고 서서 그들의 멋진 연주를 감상했다. 연주가 끝나자 오페라 하우스에서 멋진 오케스트라 공연을 관람하고 났을 때처럼 박수를 힘껏 쳐 주었다.

"더 듣고 싶은 곡이 있으세요? 연주해 드리겠습니다."

신이 난 그들이 내게 물었다.

"〈로망스〉를 듣고 싶은데요."

그들은 처음보다 더 열심히 〈로망스〉를 연주해 주었다. 영국의 길거리에서 나를 위해 연주하는 〈로망스〉를 들으니 느낌도 새로웠고 무척 행복했다.

이렇게 길거리 곳곳에서 자신의 재능을 선보이고 또 지나가는 시민들이 즐겨 듣는다면 얼마나 좋을까?

우리나라에도 자신의 개성이나 끼를 표현하고 싶어 하는 젊은

이들이 많은데 이들에게 재능을 마음껏 펼쳐 보일 수 있는 열린 광장을 만들어 줘야 한다.

한때 대학로에 일요일이면 '차 없는 거리'라고 해서 차량 통행을 막기도 했다. 그러나 부작용 때문에 몇 년 뒤 이를 없앴는데, 이를 다시 부활해야 할 시기가 왔다고 본다. 부작용이나 문제점은 적극 개선하면 될 것이다.

인사동이 정적이라면 대학로는 동적이다.

대학로는 젊음의 거리다. 그런데 지금 있는 문예회관의 공연무대는 전문가들이 쓰기에도 부족할 것이다. 이 거리에 주말이나 일요일이면 이동식 간이무대를 몇 군데 설치해서 아마추어들도 기량을 뽐낼 수 있게 해 주면 어떨까. 젊은 재능 인들의 사전 신청을 받아 쓰게 한 뒤 당국이 거두어 들였다가 다음주에 다시 내놓는 것이다. 이렇게 젊은이들이 재능을 보이고 함께 즐기게 된다면 건전한 문화로 자리잡을 수도 있을 것이다.

어줍지 않은 히피 문화를 본뜨자는 것이 아니다. 다만 자기 젊음을 발산하고 싶어 하는 이들에게 공개적인 탈출구를 주자는 것이다.

우리도 실내가 아닌 거리에서 공짜로 '악사와 피에로, 연극인'들을 만나 보자.

안양에도 범계역 주변의 평촌1번가와 안양 1번가에 젊은이들이 북적댄다. 내 고향 익산은 모현동과 영등동 거리에 사람들이 모여든다. 일자리가 적어서 젊은이가 옛날보다 줄었지만 그들이 술을 마시고 친구를 만나는 친교의 장소일뿐만 아니라 여기에 예술적 가치를 높였으면 좋겠다. 젊은이들이 자발적으로 마음껏 끼를 부리고 재능을 빛낼 수 있는 분위기를 만들어 주면 좋겠다.

7

예술과
자부심

국회의원이 된 뒤 외국을 공식 방문할 기회가 자주 있었다. 이럴 때면 짬을 내어 그 나라 서민들이 사는 모습과 문화를 직접 보려고 애쓰는 편이다.

스위스의 호반 도시 루체른을 방문했을 때다. 일행이 짬을 내어 시내 백화점에 들른 시간에, 나는 따로 거리 산책을 나갔다. 걷다가 문득 보니 어느 구역에서 그림 전시를 한다는 포스터가 붙어 있었다. 나는 호기심에 택시를 타고 그곳을 찾아가 보았다. 택시는 몇 구역을 지나 동네를 감싸고 돌더니 마침내 그곳을 찾아냈다.

리프로덕션 화가들의 자부심

산기슭에 있는 주택가의 한 저택이었는데, 내부를 개조한 모습이 마치 자그마한 미술관을 연상케 했다. 그곳은 각 시대의 명화들을 요즈음 화가들이 그대로 재현해 낸 작품을 전문으로 취급하는 리 프로덕션 미술 저택이었다. 우리는 그런 것을 '복제품' 또는 '가짜 그림'이라 부르며 가볍게 생각하는 경향이 있는데, 그들은 옛 명화의 멋을 요즘 사람의 솜씨를 통해 사진이 아닌 실화로 즐기는 지혜를 가지고 있었다.

리프로덕션 작품을 그리는 화가들도 나름대로 자부심을 가지고 있다고 했다. 실력 있는 화가도 그런 그림을 그린다고 하는데 화가 능력에 따라 값 차이도 큰 것 같았다. 생각해 보니 우리가 경복궁의 낡은 기왓장 한 장, 불타 없어진 목조 건축물을 옛날 그대로 복원시키려 애쓰는 것과 다를 바 없었다.

둘러보니 내가 미술도감에서나 본 유명한 그림들이 많이 있었다. 미술 저택의 각 방마다 작가 별로 가득 걸려 있는 유화들을 감상하면서 색다른 맛을 느낄 수 있었다. 옛날 유명한 화가들의 작품에 대한 열정과 예술 세계를 한눈에 볼 수 있었다.

나는 다소 설레는 기분으로 평소에 내가 갖고 싶었던 그림이 있는지 둘러보았다.

아, 있었다. 고흐의 그림이!

강렬한 태양광선과 꿈틀꿈틀 살아 움직이는 듯한 선을 구사한, 낯익은 고흐의 그림이 진품인 양 내 눈을 사로잡았다. 그것은 푸른 색이 도는 보자기를 배경으로 누렇게 익은 서양 배 몇 점이 그려진 정물화였다. 일찍이 사진에서도 본 적이 있었는데, 이렇게 직접 보는 것이 훨씬 현실감이 있었다.

빈센트 반 고흐(Vincent van gogh)의 정물화

나는 그 그림을 사기로 했다. 모사품이었기에 그리 비싸지 않았다. 15호 남짓해 보이는 크기였는데 액자 폭이 커서 내 여행가방에는 들어갈 것 같지 않았다. 진한 커피 색 나무 액자를 해체하고 캔버스만 넣으면 들어갈 것 같았다.

"이 그림의 액자를 해체해 주세요."

그러나 주인은 고개를 흔들었다. 안 된다는 것이었다.

"액자값을 드리면 되지 않습니까?"

주인은 빙긋 웃으면서 대답했다.

"이 그림은 화가가 직접 액자를 끼웠답니다. 화가가 이 나무 액자라야 그림과 잘 어울린다고 했기에 액자를 해체해서 팔지는 않습니다."

주인의 단호한 태도에 나는 놀라지 않을 수 없었다.

화가가 자기의 모사 그림에 자부심을 가지고 직접 액자를 끼워 넣었다는 말에 한 번 놀랐고, 그림 파는 주인은 화가와의 약속을 지키기 위해서 못 팔지라도 고집을 꺾지 않는 것에 두 번 놀랐다.

우리 화랑에서는 어떤가. 손님이 액자가 필요 없다고 하면 보통은 액자 값을 빼 준다. 그런데 이 사람은 화가의 독창적인 그림이 아닌 모사 품을 파는데도 정성을 들이는 거였다. 그들은 액자도 작품의 일부라고 믿고 있었던 것이다.

나는 귀국할 때까지 여행가방과는 별도로 그림을 들고 다녀야 하는 번거로움을 감수해야만 했다. 그러나 전혀 귀찮지 않았다.

내가 사온 것은 고흐의 모사작품이 아닌, 화가와 화랑 주인의 예술혼이었기 때문에……

8

이런 남자라면
결혼해도 좋다

오래전 조카 소영이가 고등학생이던 시절, 어느 날 눈을 초롱초롱 빛내며 물었다.

"삼촌, 남자친구를 사귀려면 어떤 사람을 사귀어야 해요?"

갑작스런 질문에 조금 당황했지만 벌써 녀석이 이성문제를 생각할 나이가 되었구나 생각하니 대견스럽기도 했다.

"삼촌처럼 멋진 남자면 되지 않겠니?"

당황한 나머지 멋쩍게 웃으면서 이렇게 말하긴 했는데 은근히 걱정이 되었다. 내가 정말 멋진 남자인가 의심스럽기도 했고, 소영이에게 좀더 차근차근 얘기해 줄 걸 하는 아쉬움이 생겼다.

그래서 이 기회에 삼촌이 생각하는 멋진 남자에 대해 말해 주려 한다. 일반적으로 젊은 여성들이 남자를 사귈 때 유념해야 할 몇 가지에 대해 말하고자 한다.

모든 일에 적극적으로 나서는 남자, 누구를 만나더라도 대화를 잘 풀어나가는 남자를 눈여겨보라.

이런 사람들은 모든 일에 자신이 나서야 문제가 잘 풀릴 거라고 생각하는 사람이거나, 사람들 사이의 관계를 화기애애하게 풀어나가는 분위기 메이커임을 자처하는 사람들이다. 삶에 자신 있는 사람이 무슨 일이든 적극적으로 나서는 법이다.

그런데 모든 일에 적극적이고 분위기를 잘 이끈다고 해도 자신의 이익만 신경 쓰는 사람들이 있다. 이런 사람은 과일로 치자면 풋과일에 비유할 수 있다. 벼도 익으면 고개 숙이듯 잘난 체하지 않고 남을 먼저 생각하고 배려할 줄 아는 사람이어야 진짜 남자인 것이다.

적극성은 꼭 필요한 것이다. 그런데 더러는 무작정 나서고 보자는 쪽에 가까운 사람도 있는데, 그 사람은 아직 다듬어지지 않은 보석이라고 할 수 있다. 이런 사람은 어떻게 다루느냐에 따라 빛나는 다이아몬드도 될 수 있고, 땅 속에 묻힌 원석 덩어리로 머물 수도 있는 것이다. 사람 바탕이 괜찮아서 자신이 직접 그 보석을 다

듣어보겠다고 도전하는 것도 괜찮으리라.

　남자친구들 사이에서 인정받는 사람을 눈여겨보라. 대부분 그런 사람은 임자가 있다고 생각하지만, 그렇지 않을 때가 더 많다. 남자들 세계는 의리와 믿음으로 유지된다. 그런 남자들 세계에서 멋진 친구로 정평이 나 있는 남자라면 상당히 점수를 따고 들어간다. 이런 남자를 친구로 사귄다면 멋진 남자와 아울러, 그의 친구들까지 자연스럽게 사귈 수 있을 것이다.

　그렇지만 남자들 사이에서 인기 있는 남자가 여자들 세계에서도 인기가 있는 것은 아니다. 이것은 여자가 바라보는 이성 친구로서의 남자에 대한 기대와 남자들이 바라보는 동성친구로서의 남자에 대한 기대가 각기 다르기 때문이리라.

여자의 경우도 마찬가지다. 여자들 사이에서 가장 매력 있고 인기 있는 여자라고 해서 남자친구가 있는 것은 아니기 때문이다.

틈새를 노려야 숨은 보석을 찾을 수 있다. '저런 남자는 틀림없이 여자친구가 있을 거야.'라고 지레 생각하고 포기하면 나중에 후회하게 된다.

내가 먼저 남자에게 다가가는 것도 좋은 남자를 사귀는 방법이 될 수 있다. 요즘은 우리나라에서도 여자들이 먼저 프러포즈하는 경향이 늘고 있다. 기회가 올 때까지 소극적으로 기다리기보다는 직접 기회를 만들어 나가는 적극성이 여자들에게 필요하다.

남자의 건강도 중요하다. 요즘 함 속에 자신의 건강진단서를 넣는 사람들도 있다던데, 그만큼 자신의 건강에 자신이 있다는 이야기다. 그리고 건강한 몸으로 신부를 평생 책임지겠다는 자세를 보여주는 것이리라.

얼마나 믿음직스러운가. 누구나 소설이나 연극에서 병들어 죽어가는 슬픈 사랑의 주인공을 바라보며 한 번쯤 나도 저런 사랑을 해 봤으면 하고 바라지만, 무대가 아닌 현실에서 정작 자신이 비련의 주인공의 파트너가 된다면 유쾌한 일은 아닐 테니까.

건강한 육체 못지않게 건전한 정신이 중요하다. 무쇠 같은 팔뚝과 넘치는 혈기가 있다 해도 정신 상태가 올바르지 않다면 소리만

요란한 빈 수레에 불과한 것이다.

함께 길을 걷다가 헌혈해 달라고 이끄는 적십자 요원의 팔을 뿌리치고 가는 남자라면 한 번쯤 생각해 볼 문제다. 몸이 허약해서 그러는지 마음이 허약해서 그러는지.

다른 사람을 배려할 줄 아는 따뜻한 마음이 있는가도 살펴봐야 한다.

단둘이 다닐 때는 남을 배려할 줄 아는지 판단하기가 쉽지 않다. 내게 잘해 준다고 남에게도 배려할 줄 아는 남자라고 생각하면 큰 오산이다.

만일 내가 사귀는 남자가 남을 배려할 줄 아는지 알고 싶다면

다음과 같이 해보라. 먼저 자기보다 덜 예쁜 여자친구와 함께 만나 보고 그런 뒤 자기보다 더 아름답다고 생각되는 여자친구와도 함께 만나보라.

남을 배려할 줄 안다면 어느 경우에나 차이가 없을 것이고, 그렇지 않다면 뭔가 다른 구석을 발견하게 될 것이다.

누구에게나 똑같이 대하는 사람이라면 따뜻한 마음을 가진 남자라고 봐도 좋다. 아마 그의 지갑 속에는 고아원 후원 회원증이나 헌혈증이 한두 장 들어 있을 게 틀림없다.

목표의식이 확실한 사람이면 더욱 좋다. 이것은 직업에 국한된 문제가 아니다. 사회에서의 평판보다는 자신의 일에 대한 만족도와 소신이 중요한 것이다.

그리고 자신의 인생을 다양하게 설계해 보는 낭만이 있는 사람이라면 더욱 좋다. 인생 설계도를 놓고, 칠십에는 어떤 모습, 육십에는 어떤 모습 또 오십에는 어떤 모습 하는 식으로 자신의 인생을 거꾸로도 세워 보는 남자라면 목표의식이 있는 남자라고 봐도 좋다.

내가 하고 싶은 일과 할 수 있는 일을 나열해 보고, 하고 싶은 일에 과감히 동그라미를 그릴 줄 아는 사람에게 호감을 가질 필요가 있다.

남자는 일을 통해 성취하려는 욕구가 있다. 그런데 이러한 욕구를 구체적으로 세우고 차근차근 준비해 가는 사람이 있는가 하면, 마지못해 산다는 식으로 따라가는 사람이 있다. 준비하는 사람을 선택해야 하는 것은 두말할 것도 없다.

성공한 사람을 고르기보다는 성공할 가능성이 있는 사람에게 도전하라.

각자마다 남자에게 이끌리는 매력이 따로 있을 것이다. 지금 사귀고 있는 사람이 있다면, 뭔가 부족한 점이 보일지도 모른다.

그런데 내가 마지막으로 부탁하고 싶은 것은, 장점을 중심으로 봐야 한다는 것이다. 왜 저 사람은 다른 사람만 못한가를 비교하기 시작하면 한도 끝도 없다.

물론 단점도 눈여겨봐야 한다. 이때 중요한 것은 단점이 내가 조화시킬 수 있는 단점인지를 잘 판단해야 한다.

뷔페 음식처럼 먹고 싶은 것만 골라 먹을 수 있는 그런 남자는 이 세상에 없을 것이다. 김치를 담가 먹듯이 내 손으로 직접 요리해 멋진 남자로 만들어가면 좋지 않을까? 설령 그 김치가 신 김치가 되더라도 말이다.

그러니 애야, 사랑이란 꼭 삼촌 말대로만 되는 건 아니란다.

그것은 눈과 귀를 가리고 있는 사이에 소리 없이 찾아오는 속성이 있으니까.

9

내가 민화를
좋아하는 이유

　　몇 년 전 인사동 거리를 지나다가 진열장에서 까치와 호랑이를
그린 민화를 보게 되었다. 그림 속의 호랑이는 사나운 맹수가 아니
라 친근한 이웃처럼 느껴졌다. 더구나 들짐승인 호랑이와 날짐승
인 까치가 삶의 영역을 뛰어넘어 다정한 벗처럼 스스럼없이 자리하
고 있었다. 나는 그때 내 자신이 그림 속에 들어가 두 동물과 한데
어우러져 친구가 된 것 같은 착각에 빠졌다. 이 동물들에 대한 조
상 때부터의 정감이 나도 모르는 사이에 핏속에 녹아 있는 게 아
닌가 하는 생각을 하기도 했다. 이때부터 나는 민화에 관심을 갖게
되었고 기회가 있을 때마다 수집도 했다. 그러던 중 내 후원 전시회

때 일부는 팔고 지금은 화초병풍과 삼국지병풍, 산수민화와 책거리민화들이 약간 남아 있을 뿐이다. 10~20년 전만 해도 민화값은 퍽 쌌다고 한다. 어린 시절의 기억으로는 시골집 벽에 붙어 있는 민화들을 심심치 않게 볼 수 있었다. 도배를 할 때마다 그림을 떼어내지 않고 그 위에 도배를 해서 그림 위에 그림이 겹겹이 포개져 있는 것이 보통이었다. 민화란 이름난 화가가 아닌 무명 화가들 작품이었기에 귀하게 여기지 않았던 것이다. 그래서 옛날에는 시골 농가를 다니면서 빨랫비누나 생활필수품을 주면서 해묵은 그림들을 벽에서 떼어오는 그림 상인들도 있었다고 한다. 이제 그런 것은 거의 없고 값도 올라 나 같은 사람이 민화를 수집하는 데 다소 부담을 느낄 정도가 되었다. 그렇다고 해도 요즘 그림값의 수준을 생각하면 민화는 뛰어난 작품 일부를 빼고는 아직도 비싼 편이 아니다. 그것은 민화의 소중함을 아는 이들이 그리 많지 않다는 뜻도 될 것이다.

민화는 서민들의 그림이었다. 그런 점에서 왕실의 그림인 원화(院畵)와 구별된다. 역대 왕실은 도화서를 설치하여 시험을 통해 재능 있는 화가들을 뽑아 배치하였다. 그리고는 초상화, 장식화, 관청 제사 때 쓰는 그림들을 그리게 했다. 이 그림들은 당대의 법도에 맞게 그린 사실화로써 현재 우리가 볼 수 있는 역사적 사료로도

가치가 높다. 이런 화원들이 그린 품격 있는 그림들을 원화라고 하는데 이 그림들은 서민들이 구경조차 할 수 없었다. 화원들의 그림은 궁중과 관청의 수요를 충당하기에도 벅찼던 것이다. 그래서 민화는 일반 서민들의 그림 수요를 충당하기 위해 생겨난 것이다.

우리 민족은 원래 그림을 무척 좋아하는 민족이었나 보다. 날 때부터 죽을 때까지 그림과 함께했다고 해도 과언이 아니다. 그림을 붙인 병풍을 쳐놓은 방에서 태어났고, 병풍을 둘러치고 혼례를 치루었으며, 죽으면 병풍으로 가린 곳에 누었고, 제사를 지낼 때도 병풍 앞에 제상을 차렸다. 뿐만 아니라 방마다 그림을 붙였다. 그래서 왕실이하 관청에서 인정한 화원이 아닌 이름 없는 화공들이 일반 대중을 위해 장터나 동네를 돌아다니며 그림을 그려 주었던 것이 민화라는 얘기다. 민화 가운데 어떤 것은 원화처럼 정제된 기풍으로 그려진 것도 있지만 내가 더 흥미를 갖는 것은 순수한 민화이다. 이런 그림을 보면서 나는 옛날 소박하고 꾸밈 없었던 우리 조상들의 마음을 떠올리곤 한다. 그런 뜻에서 민화를 겨레그림이라 부르자는 일부 주장에 나도 동의한다.

내가 민화를 좋아하는 데는 민화가 가지고 있는 몇 가지 특성이 있기 때문이다.

첫째, 소박함이다. 민화에는 심각한 철학이나 가까이하기 어려운 고상함이 깃들어 있지 않다. 누구나 한눈에 알 수 있는 내용이다. 다소 유치하리만큼 단순하기도 하며, 화려함은 없지만 검소하고 절박한 우리 정서를 담아내서 좋다.

둘째, 해학이 있어 좋다. 민속화나 화조그림, 물고기나 게를 그린 어해도(魚蟹圖), 심지어 산수에서조차 해학을 발견할 수 있다. 사물의 강조할 부분은 강조하고 생략할 부분은 생략하면서 굵고 가는 선의 처리와 과감한 변용은 보는 이의 입가에 잔잔한 미소를 떠올리게 한다. 내가 가지고 있는 민화 가운데 연꽃잎과 물고기를 그린 것이 있다. 수묵으로 단촐하게 그린 그림인데, 연꽃을 향해 꼿꼿이 선 물고기가 주둥이를 내민 모습이 곡 먹이를 달라고 보채는 듯한 익살과 재치를 볼 수 있다. 민화에는 고달픈 인생사에서도 웃음을 잃지 않고 남들에게도 웃음을 나누어 주려 했던 선조들의 여유를 느낄 수 있어서 좋다.

셋째, 허세가 없어 좋다. 애써 기교를 부려서 꾸며 완전무결하게 그리려고 하지 않는다. 마치 어린이가 장남삼아 그린 듯 서툰 솜씨로 자연스럽게 그려내고 있다. 그렇게 민화에는 허세와 과장이 없어서 오히려 평범한 멋이 있는 것이다. 최상의 기교는 무기교라고 할까? 깨달음을 얻은 선승의 한 마디가 번지르르하지 않고 담백한 것처럼, 민화의 멋은 무기교에 있다.

넷째, 자유로움이다. 괜스레 점잔을 빼거나 형식에 얽매인 붓놀림이 아니라 신이 나서 그린 그림이다. 그런 뜻에서 민화는 인내의 예술이 아니라 신명의 예술이다. 그림을 그리려는 사람도 신이 나고 옆에서 구경하는 사람도 신이 났던 것이다. 그래서 선에는 속도감이 있고 흥에 젖은 어깨춤이 넘쳐난다. 민화는 서민의 그림답게 흥을 도구로 시대적 권위의 틀을 깨고 자유의 그림 세상을 열었다고 해도 과언이 아닐 것이다. 요즘 유행하는 '신바람 신드롬'도 우리 민화 속에 이미 오래 전부터 담겨 있었던 것이다.

민화 종류에는 화조민화, 민속민화, 산수민화, 삼국지민화, 동물민화 들이 있다. 그런데 다양한 종류의 민화를 처음 보는 이들은 대부분 '왜 이런 그림을 그렸을까?' 하는 의문을 가지게 된다. 그러나 민화에 담긴 상징적 뜻을 알면 놀라게 된다.

예날 이야기에 재미난 것이 있다.

어사또가 길을 가다가 밤이 늦어 어느 집에 머물게 되었다. 그런데 밥을 해다 준 사람이 밥그릇 속에 '뉘(벼의 낟알)' 한 개를 얹어 놓은 것이다. 이를 본 어사또는 음식을 다 먹은 뒤 상 네 귀퉁이에 먹던 조기를 한 쪽씩 올려 내보냈다. 주인과 어사또는 아무 말이 없었지만 그들이 나는 대화의 내용은 "뉘십니까?" "나는 어사또입니다."였던 것이다. '뉘'는 '누구'냐는 것이고, 상 네 귀퉁이의 어사(魚四)는 어사(御使)라는 뜻이었던 것이다.

이 이야기처럼 민화에도 뜻이 담겨 있다는 말이다.

까치는 기쁜 소식을 알려주는 새로 알려져 있다. 그래서 희조(喜鳥)라고 부른다. 까치 두 마리를 함께 그리면 쌍희(雙喜)라고 하여 기쁜 일이 동시에 두 가지 생긴다는 뜻이다. 호랑이와 까치를 함께 그리면 기쁜 소식을 알린다는 보희도(報喜圖)가 된다. 표범의 표(豹)라는 한자는 알린다는 보(報)자와 유사음이기 때문이다. 만일 '이 기

쁨을 함께 나누고 싶다'는 뜻을 나타내고자 할 때는 같을 동(同)자와 유사한 오동나무(桐)를 그렸다. 한 쌍의 까치가 대나무와 매화나무 위에 깃들어 있으면 죽매쌍희(竹梅雙喜)라 하여, 부부가 함께 기뻐함을 상징했다. 대나무와 매화는 부부를 뜻하는 것이다.

과거에 합격하기를 바랄 때는 돼지 그림을 그리기도 했는데, 돼지족발이라는 저제자(猪蹄子)의 제(蹄)가 시험문제의 제(題)자로 통했기 때문이다. 모란은 덕스럽고 부(富)하게 생겼기에 부귀화(富貴花)라 부르기도 한다. 모란꽃에 할미새를 그려 넣어서 '부귀장춘(富貴長春)'을 빌기도 하고, 복사꽃과 수석을 배치하여 장명부귀(長命富貴)를 소원하기도 한다. 할미새의 백두(白頭)가 검은 머리 파뿌리 되도록 살라는 뜻이 들어 있고, 여덟 개의 꽃잎을 가진 복사꽃은 일찍부터 신선의 꽃으로 이름이 났기 때문이다.

모란에 수탉을 그리면 '공명부귀(功名富貴)'이다. 공(公)과 공(功)이 동음이기 때문에 '공을 이룬다'고 하고 수탉의 울 명(鳴)자와 이름 명(名)이 동음이기 때문이다.

민화는 이처럼 서민들의 소망이나 바람을 담고 있다. 나는 민화를 수집하며서도 그림에 그려진 동물이나 식물의 상징성을 몰랐다. 그런데 얼마 전 한정섭 님의 《한국인의 민속신앙》을 보고서 이와 같은 사실을 알게 되었다. 나는 한정섭 님을 학창 시절에 알게 되었는데, 오랜 세월 소식을 모르고 지내다가 우연히 연락이 닿아 내게 소중한 그의 저서를 보내주었다.

민화에는 조상의 얼과 멋이 담겨 있다. 민초들의 삶의 애환이 담겨 있어 민중사적으로도 가치가 높다. 이 그림들을 보고 있으면 시공을 넘나드는 선조들의 숨결을 느낄 수 있다. 우리는 옛것에 더 관심을 가지고 소중함을 깨달아야겠다. 그러기 위해서는 민화에 관심을 가져도 좋고 옛 기와장 한 장, 엽전 한 닢이라도 눈여겨보는 습관을 가지는 것도 좋으리라.

사람이 좋다

초판 1쇄 발행	2023년 12월 29일
지은이	이석현
펴낸이	이옥란
펴낸곳	미래출판기획
출판등록	제2007-000109호
편집	허남희
디자인	최미숙, 이보림
종이	(주)월드페이퍼
인쇄·제본	(주)대성프린트
주소	서울시 영등포구 국회대로 780, 1137호 (여의도동, 여의도LG에클라트)
전화	02-786-1774
팩스	050-4021-5919
이메일	dldhrfks@hanmail.net
ISBN	979-11-85047-36-2(03340)

※ 책값은 뒤표지에 적혀 있습니다.
※ 잘못 만들어진 책은 구입하신 서점에서 바꾸어 드립니다.
※ 이 책의 전부 또는 일부 내용을 재사용하려면 사전에 미래출판기획의 동의를 받아야 합니다.